LE

MUSÉE NATIONAL DE VERSAILLES

MACON, PROTAT FRÈRES, IMPRIMEURS

LE MUSÉE NATIONAL

DE

VERSAILLES

DESCRIPTION DU CHATEAU ET DES COLLECTIONS

PAR

PIERRE DE NOLHAC

Conservateur du Musée national de Versailles

ET

ANDRÉ PÉRATÉ

Attaché à la Conservation du Musée.

CENT-DIX PLANCHES EN TYPOGRAVURE D'APRÈS LES ORIGINAUX

MAISON AD. BRAUN ET Cⁱᵉ

BRAUN, CLÉMENT ET Cⁱᵉ Succʳˢ

Éditeurs-photographes officiels des Musées nationaux

PARIS, 18, RUE LOUIS-LE-GRAND.

1896

Le Musée national dont ce petit livre renferme la description subit en ce moment une réorganisation correspondant au développement des études historiques et aux transformations du goût public. Le catalogue officiel de Versailles existe en trois volumes (par Eudore Soulié, avec un supplément par le comte Clément de Ris). Très utile encore, il est destiné à être remplacé, pour diverses raisons : les collections se sont beaucoup accrues depuis qu'il a été composé ; des modifications nombreuses se sont introduites dans leur disposition ; enfin, l'ouvrage ne répond plus partout, pour l'exactitude des informations, aux exigences de la critique et contient beaucoup d'attributions et de désignations incomplètes ou erronées. Mais le nouveau catalogue ne pourra être publié que lorsque les aménagements nouveaux auront permis d'établir un classement logique et durable, ce qui nécessairement demandera des années.

En attendant, les curieux, de plus en plus persuadés de l'intérêt des collections de Versailles, trouveront fixés ici les résultats déjà obtenus. Le choix même des séries décrites leur montrera l'idée générale qui préside au nouveau classement. On est décidé à mettre en lumière les œuvres authentiques et originales, quelle que soit leur valeur d'art, et à éliminer, tout au moins à séparer avec soin des premières, les œuvres douteuses ou de pure fantaisie qui constituent souvent des mensonges historiques et ont occupé trop longtemps les meilleures places. Ces remaniements ne serviront pas seulement l'histoire ; ils seront favorables aussi à des œuvres d'un véritable mérite artistique, dont quelques-unes sont justement célèbres et dont plusieurs, au contraire, étaient restées oubliées jusqu'en ces derniers temps.

Ce travail, destiné au grand public, ne comporte ni discussion, ni référence, ni même, d'ordinaire, mention des erreurs qu'on se propose de rectifier. Peut-être cependant le lecteur attentif y reconnaîtra-t-il l'effort tenté pour fournir des renseignements nouveaux, pour résoudre, par exemple, dans la mesure possible, les questions d'intérêt général, particulièrement celles qui regardent les séries de portraits de la maison de France. Il reste encore beaucoup à faire, et plus sans doute que n'ont déjà fait les auteurs. Ils demandent qu'on les aide à corriger leurs propres inexactitudes, afin de contribuer à faire de plus en plus du Musée de Versailles une source riche et sûre de renseignements sur l'histoire politique, militaire, artistique de notre pays et le grand répertoire de l'iconographie nationale.

La description des collections donne les numéros se référant au catalogue officiel. Elle comprend les œuvres d'art dépendant du Musée et exposées à Trianon.

LE CHATEAU

VU DE L'AVANT-COUR

LE CHATEAU DE VERSAILLES

Le Château de Louis XIV, qui abrite aujourd'hui les collections d'un grand musée historique, est déjà par lui-même un véritable musée d'art décoratif[1]. Deux siècles particulièrement féconds, le xviie et le xviiie, quatre règnes, de Louis XIII à Louis XVI, y ont accumulé des merveilles. Sans parler des jardins, dont les grandes lignes et une partie des chefs-d'œuvre sont conservés, on trouve à Versailles, exécutés pour les maîtres les plus difficiles et par les artistes les plus habiles, les modèles les plus achevés de ces styles français qui, par une rare fortune de l'histoire, se sont successivement imposés au goût européen. Malgré les destructions et les restaurations diverses qui ont défiguré le Château, les œuvres du marbre, du bois et du bronze y restent encore en assez grand nombre pour constituer, par des spécimens datés et supérieurs, une histoire complète de la décoration en France à son époque la plus florissante.

Les souvenirs historiques de Versailles sont illustres. L'ancienne monarchie française y a atteint son apogée et commencé son déclin. D'autres palais, possédant des souvenirs plus anciens et non moins glorieux, ne les présentent plus à l'esprit du visiteur

---

1. Les renseignements inédits que renferme ce travail sont tirés des Archives Nationales (Comptes des Bâtiments du Roi et correspondance du Directeur général). L'histoire exacte du Château reste à écrire.

que désorientés par les appropriations modernes. Versailles, au contraire, par les grands appartements du Roi, la Grande Galerie, la Chapelle, garde l'aspect que Louis XIV lui avait donné ; en d'autres parties, l'état Louis XV est exactement conservé ; ailleurs encore, les pièces d'intimité faites pour Marie-Antoinette et Louis XVI sont demeurées telles que la Révolution les a trouvées. Le mobilier seul, entièrement vendu en 1794, manque à ces appartements pour y permettre une évocation complète des magnificences de la cour de France. On doit convier le visiteur initié déjà aux choses de l'art à se faire une idée précise des diverses époques de la construction et de la décoration du Château, avant d'étudier les collections qui y ont été installées sous le règne de Louis-Philippe et les régimes suivants.

Versailles ne fut d'abord qu'un rendez-vous de chasse au milieu des bois, construit en 1624, sur le désir de Louis XIII, par l'architecte Jacques Lemercier. L'édifice fut peu à peu augmenté et entouré de jardins et de terrasses, dessinés par Boyceau et Lemercier, et dont les lignes générales devaient être agrandies, mais respectées par Le Nôtre. Louis XIII avait souvent quitté pour Versailles le château de Saint-Germain-en-Laye, alors résidence ordinaire de la royauté. Le jeune Louis XIV, à partir de 1662, en fit aussi un de ses séjours favoris. Le petit château était alors un bâtiment carré, construit en brique et pierre et ouvert du côté de Paris par une cour intérieure, dont les murs conservés sont encore aujourd'hui ceux de la Cour de marbre.

Louis XIV choisit Versailles pour donner à sa cour les grandes fêtes de plusieurs jours restées célèbres par leur somptuosité. Celles de 1668, qui suivent la conquête de la Franche-Comté, paraissent avoir fixé son goût et suggéré l'idée de faire de Versailles la résidence royale. Dès l'année suivante, en effet, d'énormes travaux de maçonnerie y sont entrepris et le transforment en un vaste palais d'habitation. Ce sont les constructions dirigées par Levau et Dorbay, qui doivent envelopper extérieurement le château de briques de Louis XIII et contenir, au pre-

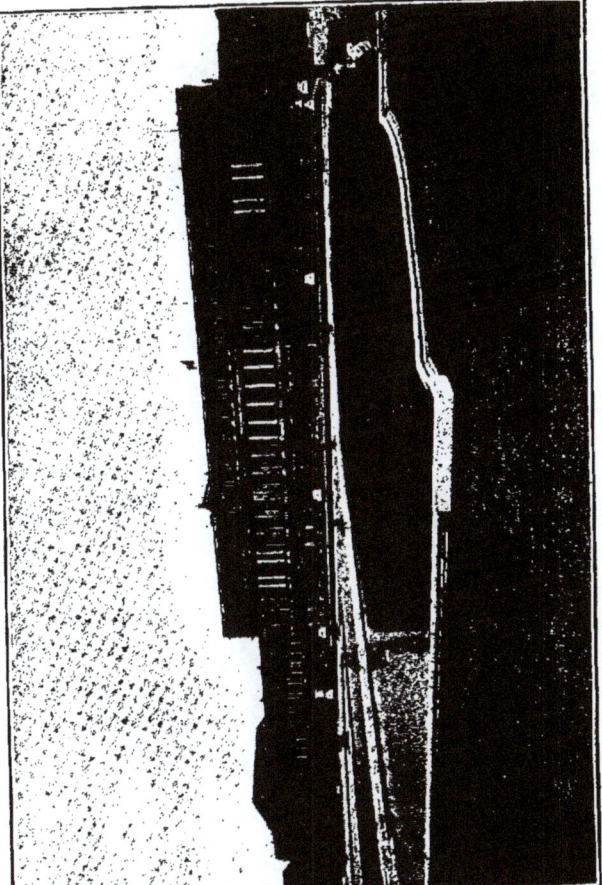

LE CHÂTEAU

VU DU PARTERRE D'EAU

mier étage, de grands appartements pour le Roi et pour la Reine. On commence alors l'escalier de la Reine et, tout à côté, la première chapelle, puis le grand escalier du Roi appelé plus tard escalier des Ambassadeurs, sans parler de nombreuses constructions nouvelles dans les bosquets, parmi lesquelles la Grotte d'Apollon attenante au nouveau château du côté du nord.

Jules Hardouin-Mansart, qui devait, plus que tout autre architecte, attacher son nom au Château, continua ces importants travaux, auxquels vinrent s'adjoindre, à partir de 1678, la construction des ailes, dites plus tard « Ailes des ministres » et réunissant d'anciens pavillons, de chaque côté de l'avant-cour, puis, à partir de 1679, la construction de l'aile du midi, sur la terrasse de l'Orangerie, destinée à loger les princes du sang et achevée en 1682. En 1679 encore, se construisait la Grande Galerie qui faisait communiquer les appartements du Roi et ceux de la Reine et remplaçait une terrasse de Levau au premier étage. Une nouvelle chapelle occupait l'emplacement actuel du Salon d'Hercule et, au dehors du Château, s'élevaient rapidement d'immenses dépendances, telles que la Grande et la Petite Écurie, la Surintendance et le Grand Commun, réservé aux multiples services qu'entraînait l'installation d'une cour comme celle du Grand Roi.

Dès 1682, Louis XIV avait définitivement transféré à Versailles le siège du gouvernement ; mais les agrandissements n'en continuaient pas moins avec activité. En 1684, on démolissait la Grotte d'Apollon, pour faire de l'emplacement le point de départ de l'aile du nord, qu'on appela longtemps l'aile neuve et dont la construction dura plusieurs années. Les anciens tableaux conservés au Musée, ainsi que les gravures d'Israël Silvestre, permettent de suivre les transformations du Château et du parc, bien qu'ils mentionnent souvent comme réalisés des projets dont la date réelle d'exécution doit être cherchée dans les comptes des Bâtiments du Roi. C'est vers 1690 seulement que le Château a eu extérieurement la forme que nous lui voyons aujourd'hui. Encore y manquait-il la chapelle définitive, dont les fondations

remontent à 1689, et dont la construction dirigée d'abord par
Mansart, puis par son successeur Robert de Cotte, dura douze
années, de 1699 à 1710.

A l'intérieur du Château, un nombre énorme d'artistes, sculpteurs, peintres, ciseleurs, marqueteurs, dirigés par l'ordonnateur
suprême de la décoration générale de Versailles, Charles Le Brun,
avait concouru à la création des appartements, auxquels servaient
de cadre les jardins avec leurs bosquets, leurs fontaines, leurs
ouvrages de marbre, de bronze et de plomb doré. Une ville
nouvelle s'était créée autour de la résidence royale, dont Trianon,
ainsi que les châteaux détruits de Marly, la Ménagerie, Clagny,
étaient considérés comme des dépendances. Cette simple consta-
tation suffit à rappeler comment Versailles fut, sous Louis XIV,
un centre de production de l'art français sous toutes ses formes.
La somme qu'il en coûta à la France a été ridiculement exagérée :
« L'ensemble de la dépense pour tous les travaux de Versailles,
calcule M. Guiffrey, atteignit soixante millions environ pour tout
le règne de Louis XIV. C'est à peu près le tiers de la somme
dépensée dans les différentes maisons royales, qui comprenaient
le Louvre, Saint-Germain, Fontainebleau, Chambord, l'Observatoire, les Académies, et aussi pour les manufactures, les encou-
ragements aux lettres et aux sciences, etc. Il est vrai qu'il faut
ajouter au compte de Versailles environ dix millions pour la
machine de Marly et les travaux exécutés sur la rivière d'Eure ;
mais ce total de 70 millions est encore loin des évaluations des
historiens hostiles à la royauté. Si l'on considère d'autre part que
la construction et la décoration du palais ont largement profité
au développement des arts, ont contribué à établir la suprématie
des peintres, des sculpteurs et des architectes de notre pays sur
toute l'Europe, ont singulièrement développé l'activité indus-
trielle de la France, on reconnaîtra peut-être que ces prodigalités
ne sont pas restées stériles. »

Le xviiie siècle a remanié la plus grande partie de l'intérieur
du Château. Déjà Louis XIV avait modifié en 1701 la disposition
intérieure de ses appartements. Ces modifications furent conti-

LE CHATEAU

VU DE LA TERRASSE DE L'ORANGERIE

nuées par Louis XV, qui revint à Versailles en 1722, après avoir résidé aux Tuileries pendant les premières années de la Régence. Au commencement du règne, une grande création, le salon d'Hercule, achevé de décorer en 1736, rappelait encore par son importance celles de l'époque précédente ; mais les destructions ne tardaient pas à commencer ; on voyait disparaître, par exemple, la Petite Galerie peinte par Mignard et l'Escalier des Ambassadeurs décoré par Le Brun et Van der Meulen. Des œuvres non moins précieuses peut-être, mais d'un caractère tout différent, remplaçaient les parties du Château que les besoins nouveaux faisaient détruire ; ainsi, le Cabinet du Conseil et la suite des Cabinets du Roi n'ont pris qu'au milieu du règne de Louis XV la forme qu'ils ont aujourd'hui. Peu après était construite par Gabriel la salle de l'Opéra, à l'extrémité de l'aile du nord, achevée seulement en 1770.

Le goût en architecture ayant changé et le château de Louis XIV menaçant ruine sur bien des points, on songea à le reconstruire entièrement et à remplacer tout d'abord les parties donnant sur la Cour royale et la Cour de marbre par des bâtiments de style néo-grec. Ce projet, conçu par Gabriel, commença à être mis en exécution en 1772, par la démolition d'un des deux pavillons à colonnade de Mansart, et, devant la Chapelle, une aile nouvelle s'éleva qui produit aujourd'hui un choquant disparate au milieu des constructions antérieures. Le manque de ressources empêcha seul la destruction décidée de la Cour de marbre. La suppression de la lanterne dorée du comble de la Chapelle, qui a eu pour résultat d'en diminuer l'élégance de lignes, fut au contraire une mesure de préservation pour l'édifice.

Sauf l'installation d'une nouvelle salle de comédie dans l'aile Gabriel en 1787, les travaux exécutés sous Louis XVI se bornèrent à des aménagements intérieurs, qui ont laissé des modèles de l'art intime et délicat du temps.

La monarchie abandonna le Château le 6 octobre 1789. La Révolution le laissa intact, se bornant à le démeubler, et l'utilisa à divers usages, par exemple à l'installation d'un musée

artistique de l'école française, en échange des tableaux des écoles
étrangères faisant partie des collections du Roi et transportés au
Louvre. Napoléon, qui songea à habiter Versailles, avait ordonné
la reprise des plans de reconstruction ; on doit à ces projets le
pavillon de gauche, construit par l'architecte Dufour comme
pendant à celui de l'aile Gabriel. Louis XVIII, qui fit continuer
de grandes restaurations dans les appartements, vit terminer ce
pavillon en 1820. L'aspect extérieur du Château ne s'est guère
modifié depuis, la construction récente de la salle de la Chambre
des députés ayant été faite sur une cour intérieure.

De grands changements furent apportés à l'intérieur par la
création du Musée historique, due à l'initiative de Louis-Philippe
et qui sauva peut-être l'édifice, en lui attribuant une destination
précise et définitive. L'œuvre la plus considérable faite alors par
l'architecte Nepveu est la Galerie des batailles, qui date de 1836.
Malheureusement on crut pouvoir sacrifier beaucoup d'appartements royaux ou princiers, qui étaient encore dans un état suffi-
sant de conservation et qu'on aurait pu fort bien sauvegarder.
Le mépris dont l'art du xviiie siècle était alors l'objet empêcha de
s'intéresser aux parties du Château auxquelles ne se rattachait
pas le grand nom de Louis XIV. Partout ailleurs, on sacrifia
impitoyablement les morceaux décoratifs les plus précieux, dès
que cela sembla nécessaire pour l'installation des tableaux réunis
pour le Musée. Les derniers actes de vandalisme commis dans le
Château remontent à 1875, année où l'installation urgente d'un
local pour la Chambre des députés, instituée par la nouvelle
Constitution, parut exiger au Pavillon de Provence des destructions nouvelles. Cette fâcheuse période est close. L'administration actuelle conserve avec respect les moindres vestiges du
passé et cherche à faire revivre, dans toute la mesure possible,
ceux dont il reste trace. Nous avons à faire connaître ici brième-
ment ce qu'on retrouve encore d'art ancien, au milieu de salles
si remaniées et parfois complètement défigurées.

Aucun livre n'indique la façon vraiment logique de visiter le
Château de Versailles au point de vue de son histoire. C'est pour

y suppléer provisoirement que sont écrites les pages qui suivent, simple orientation topographique, avec quelques noms et quelques dates artistiques aussi précises que les documents permettent de les donner.

L'aspect actuel du Château et l'ordre dans lequel le parcourt le visiteur, qui entre par le vestibule de la Chapelle et le salon d'Hercule, ne donnent pas tout d'abord une idée juste des appartements du Roi. Nous conseillons de pénétrer par l'entrée principale d'autrefois, qui était l'Escalier de marbre, dit aussi Escalier de la Reine, qu'on trouve à gauche de la Cour royale ; celui des Ambassadeurs, qui lui faisait face à droite et qui a disparu en 1752, n'était qu'une entrée d'apparat et servait rarement. En haut de l'Escalier de marbre, au contraire, on trouvait d'un côté la salle des gardes du Roi, de l'autre celle des gardes de la Reine, accès naturel aux deux appartements.

L'Escalier de marbre a reçu son dernier revêtement en 1681 ; le groupe doré d'enfants soutenant le chiffre du Roi, qui occupe la niche du palier, est l'œuvre de Massou ; les bas-reliefs de métal au-dessus des portes sont de Massou et Legros et datent également de 1681. La peinture latérale est fort postérieure et a été faite comme pendant à l'ouverture à balustres qui n'appartient pas au dessin primitif de l'escalier.

Sur cet escalier s'ouvrent aujourd'hui quatre portes. Des deux portes de face, l'une est au pied d'un escalier moderne conduisant à des salles de portraits ; l'autre donne sur la grande salle des gardes du Château, qu'on nommait le « Magasin » et qui, entièrement modernisée, est consacrée aux souvenirs napoléoniens. Le visiteur, qui cherche avec nous l'ancien état de Versailles, peut négliger ces entrées. La porte de droite ouvre directement sur la salle des gardes de la Reine ; celle de gauche, qu'il faut prendre, conduit, par une loggia revêtue de marbre, chez le Roi. Cette loggia, où sont aujourd'hui des bustes royaux, date, dans sa disposition actuelle, de 1701.

La première pièce de l'appartement royal est la salle des gardes, qui n'a conservé d'ancien que sa cheminée, sa corniche et les chambranles autrefois dorés des portes et des fenêtres. Il en est de même de la première antichambre, appelée aussi, sous Louis XIV, la « salle où le Roi mange » et où avait lieu le grand couvert ; toutefois les tableaux de Joseph Parrocel, qui s'y trouvent encore, ont été posés en 1687. La porte à droite de la cheminée a été ouverte quand on a fait, des deux pièces qui suivaient, la pièce unique de l'Œil-de-bœuf.

La distribution de la partie où nous entrons date seulement de 1701. N'ayant pas à décrire l'état antérieur, nous nous bornons à rappeler que l'antichambre de l'Œil-de-bœuf, ou seconde antichambre, a été formée de deux pièces, à gauche le « Salon des Bassans » orné d'œuvres du peintre vénitien ; à droite, l'ancienne chambre à coucher du Roi. L'Œil-de-bœuf a conservé sa décoration intacte ; les tableaux seuls y ont été changés. Les ciselures dorées sont de Julien Lochon ; les sculptures sur bois sont dues à Taupin, Bellan, Legoupil et Dugoulon, la corniche de stuc, à Lespingola. Mais une œuvre est ici hors de pair : c'est la magnifique frise de stuc doré représentant des jeux d'enfants et exécutée par Van Clève, Hurtrelle et Flamen ; la partie où l'art est le plus libre, le mouvement le plus élégant, est celle du mur de la Galerie des glaces ; on peut sans hésitation l'attribuer à Van Clève.

L'Œil-de-bœuf servait de passage pour arriver à la Grande Galerie, artère centrale du Château, conduisant à la fois chez la Reine et aux « grands appartements » du Roi du côté de la Chapelle. Mais c'était aussi le salon d'attente pour être admis devant le Roi, soit dans la chambre à coucher où avaient lieu les cérémonies du lever et du coucher et les audiences publiques, soit dans le Cabinet du Roi, réservé aux audiences particulières, aux présentations, aux prestations de serments, contrats de mariage où le Roi signait, etc.

La chambre où mourut Louis XIV, qui fut conservée comme chambre de parade par ses successeurs, avait été faite en 1701 sur l'emplacement du salon central du Château, qui ouvrait alors par trois arcades sur la Galerie. Le balustre doré est

CHAMBRE DE LOUIS XIV

authentique ; quant au lit, une petite toile placée dans la salle du grand couvert en fournit la forme exacte à qui ne veut pas se contenter des restitutions du temps de Louis-Philippe. Des tableaux anciens qui concourent à la décoration de la pièce, quatre seulement s'y trouvaient sous Louis XIV, les « Évangélistes » de Valentin ; aucune peinture n'existait au plafond. La sculpture dorée sur fond blanc offre un exemple bien complet de la richesse peut-être un peu lourde de l'art du temps ; les figures principales, les deux renommées assises tenant une trompette et la France veillant au-dessus du lit du Roi, sont de N. Coustou. Toute la décoration ancienne est conservée ; les cheminées seules ont été faites sous Louis XV.

D'un art tout autre est le Cabinet du Roi, appelé aussi Cabinet du Conseil, postérieur de plus de cinquante ans à la Chambre. Revêtu entièrement de boiseries et de glaces, avec ses deux larges panneaux sculptés accostant la cheminée à bronzes dorés et ses petits bas-reliefs symboliques, il offre le modèle par excellence de l'art de Louis XV à Versailles. Il occupe l'emplacement de deux pièces contemporaines de la Chambre, le Cabinet de Louis XIV et son « cabinet des perruques », qui s'éclairait sur la petite cour intérieure. Il a été créé en 1755 et le sculpteur en est Antoine Rousseau.

Ce cabinet était la première pièce de l'appartement particulier fait pour Louis XV, dans la partie du château qu'on désignait sous le nom général de « Cabinets du Roi » et qui s'étendait derrière les « grands appartements ». Les trois pièces suivantes, d'un aspect plus intime, ont été décorées par Verberckt, qui a partagé avec Rousseau les plus importants ouvrages de bois confiés alors aux « sculpteurs du Roi ». La chambre à coucher date de 1738, année où Louis XV cessa de coucher dans l'ancienne chambre devenue trop incommode et conservée seulement pour le cérémonial ; elle est telle que Louis XVI l'a laissée, sauf que le balustre en a disparu et que les dessus de porte y ont été changés. Le cabinet de la pendule et le cabinet d'angle ont pris leur forme actuelle seulement en 1760. On a rétabli ici, avec quelques belles consoles, la célèbre pendule de Passemant datée de 1749, dans sa boîte ciselée par Caffieri; elle avait été placée dès 1754 dans le cabinet, alors ovale, qui a pris son nom. Les pièces suivantes ont été faites sous Louis XV sur l'emplacement de l'Escalier des Ambassadeurs et de la petite galerie de Mignard et ont été occupées par Madame Adélaïde jusqu'en 1769, puis annexées à l'appartement du Roi. Dès son avènement, Louis XVI y fit faire sa bibliothèque par les Rousseau, à côté de l'ancien cabinet de sa tante, œuvre de Verberckt, qui fut conservé. Les travaux qui s'exécutent dans cette partie du Château n'en permettent pas toujours l'accès; mais on peut prendre dans ce qu'on visite une idée suffisante de l'art Louis XV à Versailles.

Revenons à Louis XIV, en passant directement dans la Grande Galerie, par une porte du Cabinet du Conseil jadis réservée à l'usage particulier du Roi. Nous allons suivre son itinéraire quand il se rendait à la Chapelle par les grands appartements. La Grande Galerie ou Galerie des glaces a été décorée et peinte de 1680 à 1682, et les deux salons qui la complètent à ses extrémités ont été achevés les années suivantes, sous la direction du premier peintre du Roi, Le Brun. Le plafond de la Galerie présente en trente tableaux, de dimensions diverses et disposés au milieu d'ornements et de figures d'une grande richesse, l'histoire de Louis XIV, de 1661 à 1678. Une esquisse originale de Le Brun placée sur un chevalet doit être comparée, pour les variantes qu'elle présente, avec la composition définitive, « La Franche-Comté conquise pour la seconde fois. » On a sous les yeux le plus grand ensemble de décoration peinte qui existe en France.

La sculpture n'y tient pas moins de place; parmi les noms des sculpteurs qui ont travaillé, dans la galerie et les salons, soit aux sculptures de stuc qui règnent le long de la corniche, soit aux trophées de bronze appliqués sur les marbres, on trouve ceux de Caffieri, Clérion, Coyzevox, Lecomte, Legeret, Legros, Lespagnandel, Massou, Proust, Tuby, etc. La part de chacun

GRANDE GALERIE

GALERIE DES GLACES

de ces artistes, qui travaillaient tous d'ailleurs sur les dessins de
Charles Le Brun, n'est pas encore délimitée. L'orfèvre Ladoi-
reau a fondu une partie des bronzes ; on sait aussi le nom du cise-
leur qui a encadré les glaces de Venise et fait tous les menus
ouvrages de cuivre de la Galerie : c'est Dominique Cucci. Enfin
les chapiteaux des pilastres, modelés par Philippe Caffieri l'ancien, appartiennent à un ordre éphémère d'architecture, qu'on
appela l' « ordre français », et dont l'invention avait paru
nécessaire à Le Brun pour compléter la création et la nouveauté
d'un ensemble qu'on voulait rendre unique au monde. La Galerie
fut toujours somptueusement ornée de statues, vases, tables de
porphyre et meubles sculptés ; mais le fameux mobilier d'argent
fait aux Gobelins pour la garnir, par l'orfèvre Ballin, n'y
demeura pas longtemps, puisqu'il fut envoyé à la Monnaie dès
1690, pour subvenir aux frais de la guerre contre la Ligue
d'Augsbourg. Les vases de bronze de Ballin dans les jardins, les
grands cartons de tapisserie exposés dans le Musée et où sont
peints beaucoup de ces objets d'argent, permettent seuls de se
faire une idée aujourd'hui de cet ensemble disparu.

Le salon de la Guerre, dont la décoration tout entière est
formée d'attributs belliqueux et dont le plafond est de Lebrun,
est orné d'un Louis XIV à cheval, énorme bas-relief de plâtre
par Coysevox ; le marbre qui devait le remplacer ne fut pas
achevé, et les esclaves et renommées qui l'accompagnent ne
furent pas fondus en bronze. Les six bustes de porphyre d'empereurs romains, avec draperies modernes, figurent déjà dans les
anciennes descriptions.

On admirera moins que ne le faisaient les guides imprimés du
xviiie siècle les peintures décoratives des grands appartements ;
elles sont bien défigurées par les restaurations et, d'ailleurs, trop
inférieures aux modèles italiens qu'elles rappellent. Le salon
d'Apollon (ancienne chambre du Trône) est de Lafosse ; celui de
Mercure (ancienne chambre du Lit) est de J.-B. de Champagne ;
celui de Mars est d'Audran, Houasse et Jean Jouvenet, avec des
dessus de porte de Simon Vouet, placés sans doute après la

Révolution ; celui de Diane (ancienne salle du Billard) est de Blanchard, Audran et Lafosse ; ceux de Vénus et de l'Abondance, de Houasse. Les murs tendus de tapisserie recevaient les tableaux du Cabinet du Roi, qui ont fait le premier fonds de la collection du Louvre. La sculpture est la partie décorative la plus intéressante de ces appartements de réception ; les panneaux de porte au chiffre et aux emblèmes du « Roi Soleil » sont, en partie au moins, de Caffieri et leurs cuivres, de Cucci ; leur composition se rapporte à la désignation mythologique de chaque salle et au sujet du plafond. La porte, qui fait face à la fenêtre dans le petit salon de l'Abondance et ouvrait sur l'ancien cabinet des médailles du Roi, a été faite sous Louis-Philippe, avec quelques morceaux anciens.

Les anciennes portes de l'Escalier des Ambassadeurs, conservées seulement au revers, aboutissaient à droite dans le salon de Diane, à gauche dans le salon de Vénus. Ces deux pièces ont gardé toute leur décoration de marbre. Dans la niche du salon de Vénus a été replacé le Louis XIV en empereur romain, par Warin, qui s'y trouvait autrefois. Au salon de Diane, le buste du Roi par Bernin, couronné par des amours et le socle accosté de trophées de bronze doré, occupe également son ancienne place ; ce buste date de 1665 et le petit monument, fait en 1685, est des sculpteurs Mazeline et Noël Jouvenet.

Bien que construit sous Louis XV, le salon d'Hercule fait dignement suite aux appartements de Louis XIV. Vassé a travaillé, de 1729 à 1734, à la décoration de bronze, comprenant l'ensemble de la cheminée, les pilastres et le grand cadre sculpté que remplissait autrefois « Le Repas chez Simon » de Véronèse. « L'Apothéose d'Hercule » a été peinte au plafond sur toile marouflée par Lemoine, qui acheva en 1736 cet énorme travail, très bien restauré de nos jours. Dans le plan des architectes de Louis XV qui démolirent l'Escalier des Ambassadeurs, un escalier analogue devait être rebâti plus loin, de manière à aboutir à ce grand salon, qui eût été l'entrée d'honneur chez le Roi.

GRANDS APPARTEMENTS

SALON DE VÉNUS

Au sortir de ces décorations où domine le marbre de couleur, la simple pierre blanche du vestibule de la Chapelle n'est pas sans majesté. Toutes les sculptures y sont de pierre, y compris les statues de la Piété et de la Foi, par Boursault, et ne font que mieux ressortir les boiseries dorées des grandes portes. Tout ici date des dernières années du règne de Louis XIV. On peut prendre de la tribune royale une idée générale de l'architecture intérieure de la Chapelle, dont la voûte a été peinte par Jouvenet, Ant. Coypel et Lafosse ; mais dans ce monument d'une rare unité chaque détail serait étudié utilement. Des bas-reliefs de pierre et des « trophées d'église » décorent presque toutes les surfaces et, malgré leur parfaite harmonie, représentent l'œuvre de sculpteurs différents, les meilleurs de la fin du règne de Louis XIV. L'arcade centrale porte une « Gloire céleste adorée par les anges », de Van Clève, qui a fait toutes les sculptures du maître-autel, y compris le bas-relief du retable. Les autels des chapelles latérales, surmontés de têtes d'anges, de Coustou, ont des bas-reliefs de bronze posés en 1747, par les deux Adam, Bouchardon, Coustou, Francin, Ladatte, Slodtz et Vinache. Dans la chapelle du Sacré-Cœur, ajoutée en 1772 par Gabriel, les ornements en bronze doré sont de Dessouches. Il y a donc en ce monument, surtout si on y joint les œuvres d'art qui le décorent extérieurement, tout un musée de la sculpture française au xviiie siècle.

Il est inutile de pénétrer dans l'aile du nord, si on cherche seulement les restes des dispositions anciennes ; tout y a été transformé ; à peine apercevra-t-on, au bout de la galerie de sculpture, la porte dorée qui conduisait à la tribune royale de l'Opéra. La salle même, qui ressort de l'administration du Sénat, n'est pas accessible de l'intérieur. Commencée par Gabriel en 1753 et inaugurée seulement en 1770, elle a passé, au siècle dernier, pour la plus somptueuse de l'Europe ; mais les transformations qu'elle a subies sous Louis-Philippe, puis lors des séjours de l'Assemblée nationale à Versailles, en ont altéré le caractère. On y voit, toutefois, les sculptures de Pajou et de

Guibert, et le foyer en est demeuré intact, avec ses haut-reliefs de Pajou. Des diverses salles de théâtre qu'a possédées le Château, ce fut la plus importante et c'est la seule qui n'ait pas disparu.

Il nous reste à parcourir les appartements de la Reine, du côté du midi. La Grande Galerie était séparée du salon de la Paix par une porte volante, qui s'enlevait aisément lors des grandes fêtes. En temps ordinaire, ce salon était la première pièce de la Reine et servait de « salon de jeux ». Il avait été achevé en 1683 et orné d'un plafond peint et de bas-reliefs semblables à ceux du salon de la Guerre, mais se rapportant tous aux travaux de la paix. Le tableau de Lemoine a été placé seulement en 1729 et représente le jeune Louis XV donnant la paix à l'Europe.

La chambre de la Reine est tout entière de style Louis XV, mais de deux époques assez éloignées. Ainsi la seule conservée des trois grandes glaces qui s'y trouvaient, les volets, les portes, l'encadrement des dessus de porte sont de 1735 ; Natoire et De Troy ont peint les deux élégants tableaux, et Boucher les quatre camaïeux du plafond. Cette décoration est celle du temps de Marie Leczinska. Mais les sculptures du plafond et notamment les beaux ouvrages d'angle, où se voient des aigles couronnés, ont été refaits en 1770 pour la dauphine Marie-Antoinette. Les anciens travaux de sculpture, portes, embrasures, glace, sont de Verberckt, les autres, d'Antoine Rousseau.

La pièce suivante, dite « salon des nobles », a conservé son plafond peint par Michel Corneille sous Louis XIV ; mais la décoration des lambris avait été renouvelée en 1785, comme l'indiquent encore la glace et les chambranles conservés, et les sculptures du plafond avaient été retouchées à cette époque. La « grande antichambre », où la Reine mangeait au grand couvert, fut d'abord, au temps de Marie-Thérèse, la salle des gardes de son appartement. Les voussures peintes par Vignon et Paillet remontent à l'origine de cette pièce ; au centre du plafond a été placée de nos jours une copie ancienne de la « Famille de Darius »

SALON D'HERCULE

par Le Brun. Enfin, la salle des gardes de la Reine, qui fut à l'origine un billard, a conservé tous ses revêtements de marbre, et son plafond tout entier de Noël Coypel, y compris les personnages de cour qui regardent par-dessus une balustrade. C'est une des pièces les plus complètes du Château.

Les petites pièces appelées jadis « Cabinets de la Reine », et à tort aujourd'hui « petits appartements », doublent l'appartement sur deux étroites cours intérieures et s'y relient par des portes en partie condamnées. Ils comprennent deux cabinets à niche de glaces, deux bibliothèques et une salle de bains. Ils existaient avant Marie-Antoinette, mais ils ont été remaniés pour elle et à diverses reprises, de 1772 à 1783. La pièce la plus récente, et aussi la plus importante par sa décoration, est le grand cabinet, dont maint détail révèle le triomphe de l'antique et annonce déjà une transformation de style. C'est l'œuvre des frères Rousseau, fils d'Antoine, qui ont dû faire aussi les boiseries du petit appartement de Marie-Antoinette placé au rez-de-chaussée et par malheur entièrement détruit. On ne saurait mieux se pénétrer des grâces particulières de l'art Louis XVI, qu'en étudiant de près ces cabinets où les bronzes des fenêtres, des portes et des cheminées égalent la sculpture de bois doré, dont ils reproduisent parfois le dessin.

Si on visite le Château au point de vue de l'art décoratif, on peut se dispenser de passer dans l'aile du midi. Il suffit de voir l'Escalier des princes, qui donnait accès à l'aile habitée par les princes du sang ; le plafond a été abaissé et refait, mais il y a de beaux bas-reliefs d'enfants, sculptés sous Louis XIV, et il faut étudier surtout, au rez-de-chaussée, ce qui reste des appartements de Mesdames et du Dauphin. On y descend par l'Escalier de marbre, d'où on gagne le vestibule du vieux château Louis XIII, placé sous la chambre de Louis XIV et où sont conservées les colonnes primitives de marbre de Rance. L'appartement occupé en dernier lieu par Mesdames, filles de Louis XV, et qui s'étend sur le parterre du Nord, avait été en partie celui de Mme de Pompadour ; presque rien n'y reste de l'époque de la favorite et trop peu de chose de celle de Mesdames. L'installation des portraits de maréchaux sous Louis-Philippe y a presque tout détruit ; on y voit seulement des frises, des volets et surtout les panneaux de la pièce d'angle, qui était le grand cabinet de Madame Victoire et qui fut faite en 1761.

L'appartement du Dauphin, en retour sur la terrasse de l'Orangerie, est mieux conservé. La décoration en remonte tout entière à 1747, époque où il fut aménagé pour le fils de Louis XV. La première pièce n'a gardé que sa frise et ses anciens chambranles ; la chambre à coucher a encore d'importantes parties de sculpture dorée, dues à Verberckt, et une cheminée dont les bronzes, Flore et Zéphyre, sont de Jacques Caffieri. Un peu plus loin, la bibliothèque du Dauphin est un spécimen, peut-être moins parfait, mais presque intact, d'art intime. Le cabinet à côté faisait déjà partie d'un autre appartement, celui de la Dauphine, entièrement modernisé.

Tel est l'ensemble d'art décoratif qu'il est aisé au curieux de retrouver à l'intérieur du Château. La visite des jardins, celle du Trianon de Louis XIV et du Petit Trianon de Marie-Antoinette, achèveront de l'instruire. Quelques heures méthodiquement consacrées à cette étude lui en apprendront plus que bien des livres sur l'activité et les transformations du goût en France pendant deux siècles.

LES COLLECTIONS

Le Musée de Versailles est un musée d'histoire nationale unique en Europe par son caractère et son étendue. L'inscription mise sous les frontons des pavillons modernes de la grande cour, « A toutes les gloires de la France », donnerait peut-être une idée incomplète des collections que renferme le Château : en effet, à côté de la commémoration des faits et des hommes véritablement glorieux pour le pays, on a cherché à recueillir le plus grand nombre possible de monuments d'art se rapportant, à divers titres, au passé de la nation. En certaines parties, Versailles est une grande école de patriotisme populaire ; en d'autres, c'est pour le curieux une vivante évocation des anciens règnes et une source incomparable de renseignements pour l'historien.

Les principales séries qui constituent le Musée historique ont été réunies et mises en place de 1833 à 1837 et inaugurées solennellement le 10 juin de cette dernière année, par le roi Louis-Philippe, qui avait pris une part fort active à la création et y avait largement contribué sur sa fortune privée. La préface du catalogue primitif fait connaître le sentiment dans lequel le Musée fut imaginé et en trace le plan d'ensemble, au moment même où s'en achevait l'exécution : « Consacrer l'ancienne demeure de Louis XIV à toutes les gloires de la France, rassembler dans son enceinte tous les grands souvenirs de notre histoire, tel fut le projet immédiatement conçu par S. M. Mais le palais de Versailles, à cette époque, ne renfermait ni tableaux, ni statues ; les plafonds seuls avaient été restaurés. Le Roi donna l'ordre de rechercher dans les dépôts de la couronne et dans les résidences royales toutes les peintures, statues, bustes ou bas-reliefs représentant des faits ou des personnages célèbres de nos annales, en même temps que tous les objets d'art qui. offriraient un caractère historique. Des ouvrages, la plupart remarquables, oubliés depuis longtemps dans les magasins du Louvre et dans les greniers des Gobelins, furent tirés de la poussière ; d'autres, dispersés dans divers palais, furent réunis à Versailles ; on mit enfin le même soin à recueillir tout ce qui avait été produit par la peinture et la sculpture moderne. Cependant ces diverses réunions étaient bien loin de suffire à l'accomplissement du projet conçu par S. M. ; ni tous les grands hommes, ni tous les grands événements de notre histoire n'avaient leur place dans cette collection, empruntée à des époques différentes. Le Roi a comblé cette lacune en commandant à nos artistes les plus distingués un nombre considérable de tableaux, de statues et de bustes, destinés à compléter le magnifique ensemble de toutes les illustrations de la France. »

L'exécution de la seconde partie du plan de Louis-Philippe prête matière à de nombreuses réserves. Chacun reconnaît que cette histoire de France en images a été réalisée hâtivement et sans critique ; pour quelques pages de valeur, un trop grand nombre d'œuvres médiocres et dépourvues de tout caractère de vérité sont venues encombrer les galeries et nuire par leur voisinage aux collections sérieuses qu'elles renferment. La partie rétrospective, au contraire, mérite de très grands éloges. On peut regretter sans doute que la disposition des locaux n'ait pas permis un classement chronologique plus absolu et surtout que l'authenticité des attributions n'ait pas été partout plus rigoureusement contrôlée ; mais on doit louer sans réserve le zèle mis à réunir et à sauver des morceaux d'art et des documents d'histoire devenus aujourd'hui tout à fait précieux.

Le fonds principal des œuvres anciennes exposées aujourd'hui à Versailles a été constitué par un certain nombre de séries

d'objets d'art ayant une provenance commune. Il est utile d'énumérer ces séries, dont quelques-unes ont été conservées comme
collections distinctes dans l'organisation première et le resteront
dans le classement nouveau :

1° La suite de tableaux-plans provenant du château de Richelieu et consacrée à reproduire les principaux épisodes militaires
du règne de Louis XIII.

2° Les cartons des compositions de Le Brun et de Van der
Meulen, destinés à servir de modèles pour les tapisseries des
Gobelins et représentant l'histoire de Louis XIV.

3° Les cartons des douze tapisseries exécutées aux Gobelins
d'après les mêmes artistes et connues sous le nom de tenture des
« Mois », utiles pour l'histoire du costume et des arts mineurs.

4° La série des vues des maisons royales sous Louis XIV et
Louis XV comprenant : les vingt et un tableaux de Cotelle, qui
représentent les bosquets de Versailles jusqu'en 1690 et qui décoraient la galerie du Grand Trianon ; une suite de Van der Meulen
de petites dimensions ; une suite de tableaux de J.-B. Martin et
des Allegrain, donnant des vues de l'époque Louis XIV, et de
P.-D. Martin, exécutées au commencement du règne de Louis XV.
La plupart de ces tableaux se rapportent au Château et aux jardins de Versailles et permettent d'en suivre l'histoire ; les autres
représentent des vues de Saint-Germain, Marly, Trianon, Clagny,
Saint-Cloud, Meudon, Fontainebleau, Chambord, etc.

5° Une série de toiles historiques commandées par la direction
des Bâtiments du Roi, sous Louis XV et Louis XVI, pour rappeler les principaux épisodes de leur règne.

6° Une série analogue, commandée par Napoléon Ier dans un
but semblable et continuée, plus ou moins régulièrement, par les
régimes suivants jusqu'à la fin du second Empire.

7° Les gouaches de Van Blarenberghe représentant une partie
de l'histoire militaire des règnes de Louis XV et de Louis XVI.

8° Les aquarelles militaires exécutées au Dépôt de la Guerre
sur les campagnes de la République et de l'Empire, série récemment complétée par l'acquisition d'une collection de dessins

originaux étudiés sur les lieux et continuée par quelques aquarelles se rapportant aux guerres d'Algérie.

9° Les portraits des xvɪᵉ et xvɪɪᵉ siècles provenant du Cabinet
de Roger de Gaignières (connus à tort sous le nom de collection de Colbert, parce qu'ils portent au dos le cachet de Colbert
de Torcy placé en 1715, quand le Roi accepta l'héritage du
célèbre amateur).

10° Les portraits, de valeur fort inégale, d'hommes illustres,
formant la collection de la Sorbonne, constituée au xvɪɪᵉ siècle.

11° Les portraits donnés au Musée en 1839 par l'Académie
française et provenant de l'ancienne Académie, où l'usage était
que chaque élu offrit le portrait de son prédécesseur.

12° Les portraits des princes et princesses de la maison de
Bourbon antérieurs à la Révolution et provenant des maisons
royales, auxquels viennent s'adjoindre, comme un complément
naturel, ceux des familles ayant régné plus tard sur la France.

13° La série des portraits et tableaux de marine, qui décoraient l'ancien hôtel de la Marine, à Versailles.

14° Une série de portraits des amiraux de France, peinte au
xvɪɪɪᵉ siècle pour l'hôtel de Toulouse, à Paris.

15° Une série de portraits de maréchaux de France réunis sous
Louis-Philippe, en originaux ou en copies, et dont un petit
nombre seulement de ceux qui sont antérieurs à 1789 ont une
valeur d'authenticité.

16° Les portraits de la campagne d'Égypte dessinés par Dutertre.

17° Les esquisses de portraits du baron Gérard.

Pour la sculpture, la richesse du Musée de Versailles en documents originaux est beaucoup moindre que pour la peinture,
surtout depuis que le département de la sculpture du Louvre a
obtenu un certain nombre de morceaux provenant du Musée
des monuments français et qui étaient nécessaires pour compléter
les séries artistiques de notre grand musée d'art national. La collection éphémère formée par Alexandre Lenoir, pour sauvegarder
les monuments dispersés ou mutilés à l'époque de la Révolution,
est encore représentée à Versailles par plusieurs sarcophages,

bustes, médaillons et statues tombales du xviᵉ au xviiiᵉ siècles. Les autres sculptures anciennes qui offrent un intérêt pour l'histoire sont de provenance isolée ; mais une série importante se trouve constituée par les moulages exécutés sous Louis-Philippe. Ces moulages, pris presque tous sur des monuments funéraires, ont été faits aux sépultures royales de Saint-Denis, dans les églises de Paris et des provinces, chez des particuliers et même à l'étranger. Réunis d'abord au seul point de vue de l'iconographie, ils forment aujourd'hui une collection qui n'a pas moins d'intérêt pour l'histoire de l'art. Elle complète celle du Musée de sculpture comparée du Trocadéro et il faut espérer qu'une disposition rationelle des locaux permettra un jour d'en apprécier les richesses.

Nous ne mentionnons que pour mémoire les bustes commandés par l'État et destinés à rappeler dans nos galeries les citoyens qui ont honoré le pays par leurs actes ou par leur talent. Ces bustes offrent souvent peu d'intérêt artistique, et ils n'ont même pas toujours la valeur d'un document sincère, puisqu'ils ne sont presque jamais exécutés qu'après la mort du modèle ; ce sont des monuments commémoratifs, et rien de plus.

Il faut indiquer enfin une série épigraphique encore peu importante, comprenant des épitaphes de personnages historiques des derniers siècles. Il vient de s'y adjoindre un certain nombre de pierres tombales provenant de la Terre-Sainte et de l'Orient latin, et qui sont celles de chevaliers français morts pendant les expéditions du moyen âge. Ces monuments d'histoire vont représenter à Versailles l'époque des Croisades par des souvenirs plus authentiques, et par suite plus précieux, que les peintures modernes et les écussons de familles réunis sans grande autorité, lors de la création du Musée, dans les « salles des Croisades. »

Les historiens et les artistes connaissent les parties les plus intéressantes du Musée de Versailles et savent que de richesses diverses sont accumulées dans ses immenses galeries. Le grand public, moins informé jusqu'à présent, se porte de préférence dans les salles populaires de l'histoire de France, où se voient

le « Charlemagne passant les Alpes » de Paul Delaroche, le
« Saint Louis » de Cabanel, le « Gaston de Foix » d'Ary
Scheffer, etc. Il s'arrête dans la Galerie des batailles, résumé
un peu artificiel, mais non sans grandeur, des gloires guerrières
de la nation, sorte de panthéon par les bustes et inscriptions
commémoratives des commandants d'armée et généraux tués en
combattant pour la France, panorama militaire enfin par ses
grandes toiles dont les sujets vont de Tolbiac à Wagram et
veulent montrer les héritiers des soldats de Clovis dans ceux de
Napoléon. Les épisodes du moyen âge, traités par la peinture
romantique, ne servent guère qu'à faire mieux apprécier la
« Bataille de Taillebourg » par Delacroix, point central de la
Galerie pour les chercheurs d'art. La partie moderne, au contraire, compte plusieurs pages intéressantes ou célèbres d'Alaux,
Devéria, Franque, etc., deux vastes Gérard, « L'Entrée de
Henri IV à Paris », et la « Bataille d'Austerlitz », deux bons
Couder, « Lawfeld » et « York-Town », le « Zurich » de Bouchot,
le « Rivoli » de Philippoteaux, enfin, pour clore le cycle glo-
rieux, les trois populaires Napoléon de Vernet : « Iéna »,
« Friedland », « Wagram ».

Les visiteurs qui ont pris plaisir, en dehors de toute idée d'art,
à ce déroulement de l'héroïque légende, se rendent volontiers
dans l'autre aile du Château, pour voir les salles d'Algérie, de
Crimée et d'Italie, où triomphent Horace Vernet et son école, où
des toiles, plus vivantes que leurs restitutions du moyen âge ou
du premier Empire, continuent la brillante tradition de notre
peinture militaire. Bientôt sans doute, nos peintres contemporains auront une salle consacrée entièrement à leurs ouvrages et
aux épisodes récents de notre histoire. Mais, pour une bonne
part du public instruit, le véritable et profond intérêt de Versailles restera dans ces collections de portraits originaux et
d'œuvres anciennes, qui lui rendent authentiquement les hommes
et la vie du passé.

SAINT LOUIS AU PONT DE TAILLEBOURG (1242)

par Eugène Delacroix.

LE MUSÉE DE VERSAILLES

C'est à Jeanne d'Arc que se rapporte le plus ancien des monuments d'art originaux que possède le Musée de Versailles, si riche d'ailleurs en moulages d'œuvres sculptées du moyen âge. Un petit panneau de bois, tableau de dévotion peint au xv° siècle, montre à droite de la Madone l'archange saint Michel et à gauche la Pucelle en armure, tenant son pennon (5051). L'imagier a mis un nimbe autour de son casque ; mais les traits du visage ont disparu. Une inscription mutilée, où se lit aisément le nom de Jeanne d'Arc et où l'on devine une supplication à la Vierge, fait penser aux ex-voto qui furent suspendus dans certaines églises des villes délivrées par Jeanne au moment où, prisonnière, elle était en danger de mort. Ce panneau, trouvé à Orléans, nous apparaît comme un témoignage, authentique et vénérable entre tous, de la reconnaissance populaire envers la grande héroïne de notre histoire.

Une figure de Charles VII doit avoir sa place auprès de cette image votive (3052). C'est une effigie très délicate, un des meilleurs parmi ces petits portraits anciens que Versailles conserve en nombre assez considérable, et qui demeurent un des plus purs trésors de notre art français.

Le roi, peint à mi-corps, se présente de trois quarts, vêtu
d'un manteau rouge fourré, coiffé d'une toque de velours
vert brodée d'or et de perles, et portant au cou (par un anachronisme qui permet de dater la peinture) l'ordre de Saint-
Michel.

Autour de ces premiers documents artistiques, et durant
tout le xvᵉ siècle, il y a peu de chose à tirer de Versailles :
ce ne sont guère qu'œuvres modernes. Il faut toutefois
mettre à part la série des portraits des ducs de Bourgogne,
série assez complète avec Philippe le Hardi (4001), Jean
sans Peur (3050 et 4005), Philippe le Bon (3053 et
4011), et Charles le Téméraire (4018, à rapprocher de
deux peintures, l'une flamande, l'autre française, du
xviiᵉ siècle, 3068 et 3069). Un petit panneau, qui a la
finesse d'une miniature, nous montre une Assemblée du
Parlement de Bourgogne tenue par Charles le Téméraire
(3070) ; et une médiocre copie ancienne d'une peinture du
xviiᵉ siècle, inspirée sans doute d'une miniature ou d'une
tapisserie flamande, représente un duc de Bourgogne et sa
cour chassant à l'oiseau (4021).

Le portrait de Charles VIII (3101), très inférieur d'exécution à celui de Charles VII (il est presque entièrement
repeint), offre quelque intérêt de physionomie et d'allure ;
celui de Gaston de Foix (3105) semble la réplique d'une
belle toile attribuée à Giorgione dans la galerie Czartoryski.
Pour rencontrer, à la fin du xvᵉ siècle et dans la première
moitié du xviᵉ, de véritables œuvres d'art, il faut sortir de
la série française ; il faut regarder le portrait d'enfant tenant
des deux mains une pomme, que le catalogue dénomme à
tort Marie de Bourgogne, archiduchesse d'Autriche (3096) ;

CHARLES VII

ANCIENNE ÉCOLE FRANÇAISE

celui de Charles-Quint jeune (3125), avec le caractère si accentué des yeux bridés, de la lèvre inférieure et du menton proéminents, œuvre flamande ou allemande d'un détail très soigné ; surtout le délicieux buste de Philippe le Beau, roi de Castille (3106), l'adolescent aux cheveux blonds, dont les traits bouffis, les yeux petits, les lèvres épaisses s'enveloppent d'une douce lumière, sous la jolie toque de velours rose qui se détache sur un fond bleu. Ce dernier panneau, si délicat et presque intact, rappelle la manière de Memling ou de Matsys.

Voici encore deux réductions, dont l'une ancienne (3095), du curieux tableau de Bernard Strigel (au musée de Vienne), représentant l'empereur Maximilien Ier d'Allemagne, entouré de toute sa famille. Puis une Sibylle de Clèves avec son fils, le duc de Saxe (3132), dont l'attribution à Lucas Cranach ne peut se soutenir ; c'est l'œuvre d'un habile faussaire. En revanche, il y a, de l'atelier de Cranach, signé du dragon et daté de 1532, un bon petit portrait de l'électeur de Saxe Jean-Frédéric (3131), et surtout, avec la même marque et la date de 1544, une image en buste et de grandeur naturelle de Martin Luther, tête nue, le regard dur, un livre de prières entre les mains (3133). Il s'appuie sur une sorte de balustrade, au-dessous de laquelle une large inscription allemande rappelle la vie du réformateur, et se termine par l'apostrophe : *Pestis eram vivus, moriens ero mors tua, papa* (Vivant, pape, j'étais ton fléau ; mourant, je serai ta mort). La date du portrait et l'inscription suffisent à nous montrer que nous avons affaire à l'une de ces images de dévotion, si l'on peut dire, qui durent être colportées en grand nombre de l'atelier de Cranach. D'école allemande encore, et se ressentant fort de l'influence d'Holbein le jeune, deux grands portraits en pied de Jean de Bavière et de Béatrix de Bade (3129 et 3130), qui ont conservé, malgré quelques dégâts, toute la fraîcheur et le velouté de la détrempe. L'attribution à Sigismond Holbein d'un portrait de Guillaume Budé, le savant humaniste (4045), n'est pas soutenable ; c'est une œuvre française, d'intérêt purement historique.

Il faut passer rapidement sur des copies, bonnes ou médiocres, d'après Holbein, d'après Raphaël et Bronzino, citer encore un beau portrait de Don Carlos (3198) que l'on peut considérer comme un original d'Anthonis de Mor, pour arriver à la glorieuse et délicieuse collection de Roger de Gaignières, à ces panneaux où sourient de minuscules figures de personnages illustres ou inconnus. Les attributions sont dues la plupart du temps à Gaignières et, jusqu'à plus ample informé, l'on peut se fier à la sagace curiosité de l'érudit amateur, dont la collection, léguée à la Bibliothèque Royale, fut, par ordre du Roi, dispersée aux enchères en 1717. Bien des épaves en sont à Versailles, et il ne faut pas chercher très longtemps pour découvrir, dans le nombre, des joyaux comparables aux plus fines peintures du Louvre ou de Chantilly.

Point de Janet Clouet certains ; mais, tout proche, un Laurent de Médicis (3108 — est-ce vraiment un Médicis?) qui a très grande allure avec son regard et son pli de lèvre dédaigneux, sa barbe et ses cheveux noirs se perdant parmi le noir de la toque et du pourpoint. Quatre petits portraits, de Corneille de Lyon (Claude Corneille de La

GUILLAUME BUDÉ

ANCIENNE ÉCOLE FRANÇAISE

MARGUERITE DE VALOIS, DUCHESSE DE SAVOIE
par CORNEILLE DE LYON.

Haye), dont on retrouve la mention dans l'Inventaire des collections de Gaignières, nous présentent une Marguerite de Valois, duchesse de Savoie (3181), vêtue de soie noire et d'hermine, sa toque noire relevée de perles et de plumes joliment posée sur les cheveux blonds ; une Jacqueline de Rohan, marquise de Rothelin (3147), en robe rose à manches fourrées d'hermine, s'harmonisant avec la petite coiffure de soie rose, d'or et de perles ; une Marguerite de Bourbon, duchesse de Nevers (3185), en costume semblable, à fond noir, quelque peu altéré par les repeints ; et surtout, un Henri de Bourbon, dernier duc de Montpensier (ainsi s'exprime l'inscription du panneau), qui est bien l'une des plus charmantes œuvres de notre école de portraitistes (3292). Panneau intact, où les roses fins des lèvres et des joues, le bleu étrange des regards, le ton châtain de la barbe et de la légère moustache, presque noir des cheveux couverts d'une toque noire, s'enlèvent sur un fond vert d'eau d'une délicatesse exquise, qui fait mieux ressortir encore la blancheur du pourpoint brodé à crevés roses.

C'est sans doute du fécond atelier de Corneille de Lyon qu'ont dû sortir tant d'autres petits portraits de seigneurs et de dames, de dames surtout, se présentant de buste et tournées vers la droite, avec le même regard des yeux clairs ou sombres, le même pli souriant, un peu boudeur, des lèvres arquées. Beaucoup de ces portraits ont été mutilés, repeints en partie, recouverts d'épais vernis qui altèrent la délicatesse du fond ; mais ils respirent encore une grâce infinie. C'est une prétendue Claude, reine de France (3119 ; la reine Claude est morte en 1524), avec un collier de perles en travers de la gorge ; Françoise de Longwy,

comtesse de Charny (3144), surchargée de bijoux ; Anne
Stuart, dame d'Aubigny (3146), en toilette austère de veuve,
ses manches noires à crevés s'ouvrant sur une chemise
blanche bouffante ; Suzanne des Cars, dame de Pompadour
(3171), et Béatrix Pacheco, comtesse d'Entremonts (3172),
deux charmantes figures, l'une toute de sourire, l'autre de
finesse et de gravité pensive ; Madeleine de France, reine
d'Écosse (3182), d'une vie étonnante sous d'insignifiants
repeints ; une inconnue (3148), qui est l'un des plus simples
et des plus accomplis portraits de la série ; Philippine de
Montespedon (3189) ; Louise et Jeanne de Halluin (3205 et
3206) ; Anne du Plessis-Liancourt (3327).

Le reste, dans ce format exigu, n'est que mauvaise con-
trefaçon. Mais, dans un format double environ des précédents panneaux, Versailles possède, provenant de Gaignières et timbrés du cachet à la couleuvre (les armes de
Colbert de Torcy, neveu du grand ministre), des portraits
non moins étonnants, où s'affirme nettement toute la sincérité d'observation et d'expression de l'école des Clouet. Il
faudrait les citer presque tous, même ceux qui ont souffert
de restaurations maladroites et de nettoyages. Un Henri II
(3175, réplique du portrait du Louvre) ; une jeune femme
dont les traits, mais non les yeux, rappellent Catherine de
Médicis (4074), qu'un portrait authentique (3179) nous
montre plus âgée, les paupières plissées et le menton
rentrant ; un François II (3208), blafard et très vivant ;
un très beau et très énergique Henri d'Albret, deuxième du
nom (3122) ; le roi de Navarre Antoine de Bourbon (3183),
tête nue, raide dans son pourpoint sombre à broderies d'or ;
Jeanne d'Albret, mère de Henri IV (3184), figure triste

12

HENRI II

ÉCOLE DES CLOUET

13

DELPHINE DE SAVOIE, DUCHESSE DE MONTMORENCY

ÉCOLE DES CLOUET

aux lèvres pincées, dans son costume de veuve ; Louis de
Bourbon Iᵉʳ, prince de Condé (3187) ; le connétable Anne
de Montmorency (3190) ; Delphine de Savoie, duchesse de
Montmorency (3134) ; le vicomte et la vicomtesse de
Turenne (3191 et 3192) ; le cardinal Robert de Lenoncourt (3204) ; Claude Gouffier, grand écuyer de France
(3225) ; Jacques d'Albon, marquis de Fronsac (3202) ; le
duc et la duchesse de Guise (3211 et 3112), cette dernière
placide et splendide dans sa robe rouge relevée de perles ;
leur fils Henri de Guise, le Balafré (3230) ; François III
de la Rochefoucauld, vêtu de noir (3223) ; Claude d'Anne-
baut (3145), enveloppé de fourrures blanches, une des
figures les plus fines de la série, dont une réplique (3231)
a porté, on ne sait pourquoi, le nom de Saint-Mégrin ; l'admirable Odet de Coligny, cardinal de Châtillon (3218), peut-
être le plus beau de tous, florissant de calme et de santé,
dans son pourpoint rouge, que recouvre une veste à broderies rouges, dont les harmonies se complètent par le rouge
vif et différent de la toque ; François Gruffi (3141) ; Jacques
de Savoie, duc de Nemours (3242, portrait fort supérieur
au 3243), d'une franchise, d'une décision parfaites ; le maréchal Arthus de Cossé (3246), le comte de Sagonne (3303),
l'empereur d'Allemagne Maximilien II (3215) ; voilà
toute une série d'excellentes peintures que l'on sent
inspirées de dessins minutieusement sincères, comme ces
beaux crayons des Clouet et de leurs élèves, des Decourt,
des Quesnel, des Corneille, des Dumonstier, que conservent
la Bibliothèque Nationale, le Louvre et Chantilly. C'est
là que nous retrouverons les Henri II de Versailles
et du Louvre, la Béatrix Pacheco de Versailles, la Jacque-

line de Rohan, le cardinal de Lenoncourt, d'autres encore, qui montrent auprès de nos peintures identité de visage, sinon de costume et de proportions.

Viennent ensuite des œuvres plus molles, des portraits de femmes d'une facture médiocre et blafarde : Anne de Thou et Françoise Chabot, comtesses de Cheverny (3318 et 3359); Diane, comtesse de Gramont (3295); Louise de Budos, duchesse de Montmorency (3300); une Gabrielle d'Estrées à onze ans (3332).

Aux peintures s'ajoutent les marbres. Le plus important de tous est le monument élevé à la mémoire de Diane de Poitiers par sa fille, Louise de Brézé (1366). Mis en place en 1577, au château d'Anet, et demeuré intact jusqu'à la Révolution, il fut acheté par Lenoir, transporté au musée des Monuments français, puis à Neuilly, enfin à Versailles. C'est un grand sarcophage de marbre noir, soutenu par des sphinx de marbre blanc, sur lequel Diane est agenouillée devant un prie-Dieu. La statue, attribuée à tort par Lenoir à Michel Bourdin, garde un beau caractère énergique et rigide.

Parmi les nombreux moulages qui font du musée de Versailles un complément des salles du Trocadéro, il y a bien encore quelques marbres originaux du xvie siècle : deux bustes de François Ier et de François II de Montholon (2794 et 2806), l'un et l'autre gardes des sceaux de France; un buste de Jean Baptiste de Gondi, attribué à Barthélemy Prieur (2802), et trois statues agenouillées du chancelier Michel de l'Hôpital (2799), d'Albert de Gondi, duc de Retz, maréchal de France (2807), et de Pierre de Gondi, cardinal de Retz, évêque de Paris (2809),

14

ODET DE COLIGNY, CARDINAL DE CHATILLON

ANCIENNE ÉCOLE FRANÇAISE

statues provenant de la basilique de Notre-Dame ; le buste
de Méry de Barbezières, grand maréchal des logis de la
maison du Roi (2810), qui se trouvait autrefois dans l'église
des Feuillants ; ceux de François de Joyeuse, archevêque de
Rouen (2815), et du chancelier Pompone de Bellièvre (2817) ;
enfin les deux statues agenouillées de Jean d'Escoubleau,
sire de Jouy, et d'Antoinette de Brives, sa femme (322 et
323). Nous voici au seuil du xvııᵉ siècle.

Une fine et naïve peinture de 1557, faussement attribuée
à François Porbus et qui relève bien plutôt de l'école des
Clouet, nous montre Henri IV âgé de quatre ans (3282).
L'enfant se tient droit, un peu gauchement, dans son
justaucorps de cuir bien serré, les joues grosses, l'œil
timide, s'appuyant d'une main à une table, de l'autre
tenant son épée. Le roi populaire, l'œil joyeux et la barbe
grise, revit dans une toile du xvııᵉ siècle (3283) et dans
une réplique ancienne (3284) du petit panneau de Porbus
peint en 1610 (au Louvre). L'importante statue de Barthélemy Prieur n'existe qu'en moulage (2814) ; c'est un moulage également (1870) qui représente à Versailles le buste
du même artiste (au Louvre).

De François Porbus, un portrait de Marie de Médicis
(nouv. acq.), œuvre intéressante, mais froide auprès des
Rubens de Paris. Le petit duc d'Orléans, fils de Henri IV,
mort en 1611 (3357), est ici tout frais et rose sous ses cheveux blonds serrés dans un bonnet. A citer aussi, les portraits des Guise (3260, 3262, 3358), du connétable de Montmorency (3221, 3298 et 3299), du vénérable Charles de
Condé, vu à mi-corps et s'appuyant sur l'épaule de son
fils Jean (3280), de Martin Ruzé, seigneur de Beaulieu

(3323), du médecin Nicolas Jabot (3330), enfin de souverains étrangers, Maurice et Frédéric de Nassau (3348 —
un beau panneau, 3347, représentant Maurice de Nassau,
mérite d'être attribué à Michel van Mierevelt), Albert VII,
archiduc d'Autriche, souverain des Pays-Bas (3338) et
Isabelle d'Autriche, sa femme (3340), grandes et solennelles
images en pied qui ont fait évidemment partie d'une série
dynastique. Une curieuse petite toile (3281), dont il existe
des répliques de grande dimension, raconte la Procession
de la Ligue conduite en 1593 par Guillaume Rose, évêque
de Senlis, mélange de soldats et de moines casqués, défilant
au milieu d'une foule enthousiaste. Enfin une Bataille
d'Arques (nouv. acq.) ouvre, dès le XVIᵉ siècle, la série de
nos peintures militaires.

RÈGNE DE LOUIS XIII

A partir du règne de Louis XIII, nous entrons dans l'iconographie proprement versaillaise. Les personnes royales
et la plupart des notables seigneurs ou dames, ministres,
hommes de guerre, magistrats et prêtres, littérateurs,
savants et artistes, dont les portraits sont classés aux collections historiques du Musée, ont passé ou vécu, un temps
plus ou moins long, dans le Château. Dès maintenant, ce
Musée artistique de l'histoire de France nous instruit par
deux séries parallèles d'images, qu'il nous faut étudier successivement : les premières représentant les scènes historiques, faits militaires ou événements de la vie intérieure du
royaume, les autres réunissant par groupes les effigies des

personnages historiques, qui revivent à nos yeux dans le décor même où durant près d'un siècle et demi l'histoire de France eut son point central.

Au rez-de-chaussée du Château (salles 29 et 30), on voit douze grandes toiles qui ont fait partie d'une suite autrefois placée dans la galerie du château de Richelieu, et qui comprenait vingt épisodes militaires de la vie du cardinal. Rien de plus curieux que ces tableaux-plans, avec leurs perspectives qui tiennent à la fois du relevé géographique et de l'étude observée sur nature, avec leurs innombrables petits personnages indiqués d'un pinceau spirituel, à touches vives couvrant un dessin très serré, dans la manière de Jacques Callot. Ce sont les premiers essais de la peinture militaire, qui va bientôt, avec Le Brun et Van der Meulen, se développer si magnifiquement.

Le premier, qui représente la Levée du siège de l'île de Ré (8 novembre 1627), nous montre l'Océan couvert de navires, et, sur le rivage, une foule de soldats aux costumes pittoresques, qui se hâtent d'embarquer. Au premier plan, à gauche, Louis XIII à cheval, le bâton de commandement à la main, fait face au spectateur ; Richelieu, dont le profil se reconnaît aisément, en costume de voyage, pourpoint vert bordé de fourrure, grandes bottes, manteau et toque rouges, se tient près du roi, avec une escorte de cavaliers et de pages tête nue. Le Siège de La Rochelle (10 août 1627-28 octobre 1628) condense autour des murailles de la ville une masse prodigieuse d'infiniment petits détails. Sur le devant sont les vaisseaux anglais qui donnent l'assaut à la digue, repoussés par les batteries de la rade. Ces

deux toiles sont identiques, à quelques variantes près, aux
deux célèbres gravures commandées à Callot par Louis XIII.
Le Combat du Pas de Suze (6 mars 1629) fait défiler infan-
terie et cavalerie dans les gorges rocheuses, couronnées
de forts, qui commandent l'entrée du Piémont. Les carrés
de cavalerie se forment et s'élancent aux ordres du roi, qui
paraît au premier plan avec le cardinal, cette fois vêtu de
rouge. La Prise de Privas (28 mai 1629) nous fait assister à
un beau défilé de cavalerie, escortant le roi et le cardinal ;
puis c'est la Réduction de Nîmes (4 juillet 1629), avec la
longue théorie des notables agenouillés tête nue, et présentant les clefs au roi dont le cheval caracole parmi l'escorte
de somptueux seigneurs défilant deux à deux. Ainsi se présente encore la Réduction de Montauban (21 août 1629),
où le cardinal a remplacé le roi. La Prise de Pignerol
(31 mars 1630) est intéressante par une vue pittoresque et
minutieuse de la ville ; le Combat du Pont de Carignan
(6 août 1630) et la Bataille de Castelnaudary (1er septembre
1632) ont de beaux élans de chevaux emportés ; la Reprise
de Corbie (14 novembre 1636) nous montre la voiture royale
lancée au galop de ses six chevaux blancs pour la visite
des immenses travaux d'attaque dont la ville est enserrée.
Cette dernière toile s'intitulait autrefois, mais à tort, le
Secours de Cazal (26 octobre 1630) ; ce fait d'armes est
traduit dans une peinture surchargée de détails, avec, au
premier plan, l'arrivée du convoi de vivres, et les feux
allumés pour la cuisine du camp ; la disposition par petites
masses très régulières des assiégés et des assiégeants paraît
ici d'un effet bizarre. La Bataille d'Avein (20 mai 1635)
présente ces mêmes arrangements de troupes minutieusement géométriques.

15

ANNE D'AUTRICHE

par JEAN NOCRET.

Les portraits de Louis XIII sont en petit nombre et de peu d'importance. Il est représenté enfant, âgé d'environ dix ans, en deux peintures, l'une flamande (3365), l'autre française et conforme à un des crayons de Daniel Dumonstier que conserve la Bibliothèque Nationale (3366). La composition allégorique de Simon Vouet, où on le voit assis, en armure et couronné de lauriers, étendant son manteau sur deux femmes agenouillées qui sont la France et la Navarre, existe à Versailles (3367), en réplique ancienne et très bien conservée de l'exemplaire du Louvre. Un autre portrait de l'école de Vouet (2062, salon de Mercure) nous montre le roi en cuirasse, tête nue, assis sur un fauteuil rouge devant une draperie rouge, dans une attitude de commandement. Dans la chambre de Louis XIV, une toile ovale (2164) reproduit le portrait de Philippe de Champagne qui figure au Louvre ; enfin des moulages font connaître le buste minutieux et sec de Warin (1874) et les statues de bronze du roi et d'Anne d'Autriche, par Simon Guillain (1064 et 1065), qui faisaient autrefois partie du monument du Pont au Change et sont aujourd'hui au Louvre.

D'Anne d'Autriche il y a, au salon de Mercure, un intéressant portrait par Nocret le père (2063). La reine est assise près d'une table où sont jetés ses gants ; elle porte une robe de velours bleu fleurdelisé, avec corsage d'hermine décoré de saphirs, d'améthystes et de perles ; un large col de dentelle, et un manteau bleu doublé d'hermine, qu'elle relève sur ses genoux. Elle est plus jeune dans un grand portrait de facture médiocre, qui la représente en pied, vêtue du costume royal (3368) ; ailleurs, dans une toile de dimensions importantes (3369), nous la voyons

assise, en robe rose et manteau bleu fleurdelisé, tenant
de chaque main un de ses fils. Des versets de psaume
(*Potens in terra erit semen ejus*, etc...) se lisent au bas de
ce tableau, conservé par la famille du maître d'hôtel de la
reine, le sieur Le Pelletier, jusqu'à la création du musée
de Versailles. Deux toiles attribuées à Philippe de Champagne sont encore à noter. La première semble un projet
de composition plus vaste (3440). La reine est agenouillée
avec ses enfants devant saint Benoît et sainte Scholastique
debout sur les nues ; la Trinité dans une gloire, et des
anges tenant un livre dominent la pieuse apparition. Dans
un large ovale (3441), la reine, selon la mythologie chère
à Simon Vouet, figure la Sagesse, assise, une lance en
main , et s'appuyant sur un bouclier ; les attributs de la
Paix sont brodés sur son manteau, qui recouvre une robe
bleue. Enfin, dans la chambre de Louis XIV, voici une
Anne d'Autriche régente (2165), délicatement peinte par
Mignard dans son costume de veuve, avec un double collet
de tulle blanc, une croix de grosses perles, le coin d'un
voile noir posé sur ses beaux cheveux blonds, dont les
boucles encadrent ses épaules. L'œil est doux, légèrement
triste ; l'ensemble du portrait a une belle tenue harmonieuse
et sobre.

Rien ne peut faire mieux comprendre le caractère de
Monsieur, frère du Roi (Gaston d'Orléans), que le grand
portrait, dans la manière de Vouet (3442), où se dresse en
pied, costumé à la romaine, ce héros d'intrigues, à la face
de sotte et provocante assurance. D'autres toiles (dont plusieurs copiées d'après Van Dyck) le représentent en tenue plus
solennelle et banale ; aucune n'a cette vie et cette expres-

sion. Sa première femme, Marie de Bourbon, a été peinte symboliquement, en Minerve, avec une cuirasse dorée, une robe bleue et une écharpe blanche, tenant en main un portrait qui est celui de sa fille, Mademoiselle de Montpensier, la grande Mademoiselle (4166). Sa seconde femme, Marguerite de Lorraine, est représentée en costume de veuve (c'est-à-dire après 1660), tenant le médaillon du mari qu'elle vient de perdre (4167).

De Richelieu, un moulage du buste de Coyzevox (1875), et une intéressante réplique à mi-corps du portrait de Philippe de Champagne, au Louvre (3391). Des portraits anciens du connétable de Lesdiguières (3392), du chancelier Étienne d'Aligre (4188), du garde des sceaux Michel de Marillac (3397), du secrétaire d'État Bouthillier de Chavigny (4190), du surintendant des finances Nicolas Bailleul (4191). Deux statues agenouillées du secrétaire d'État Raymond Phélypeaux (1871) et du colonel des reîtres Gaspard de Schomberg (1872). La grande toile (4165) où sont réunis le prévôt des marchands et les échevins de Paris, en 1613 ou 1614, a fait partie d'une importante série, aujourd'hui détruite, qui décorait l'Hôtel de Ville et à laquelle travaillèrent, vers cette époque, les peintres Ferdinand Elle, George Lallemand, Guillaume Dumée (en 1612), Louis Beaubrun et François Porbus.

Parmi les littérateurs et les savants, Balzac (2890), Conrart (2889), Godeau (2887), Voiture (nouv. acq.), Vaugelas (2891), Méziriac (2893), La Mothe le Vayer (2901), Patru (2902) font partie de la série des Académiciens. Un curieux portrait de Peiresc (4194) a servi de modèle à l'une des plus fines gravures de Mellan, auquel il faut même sans doute

en attribuer la peinture. Un portrait de l'ingénieur Clément
Métézeau, qui construisit la digue de La Rochelle, portrait
gravé dans le Cabinet du Roi sans indication de nom de
peintre ni de graveur, est entré récemment au Musée.
Parmi les artistes, deux seulement figurent en images
originales : Jean Bourdon, peint par son fils, Sébastien
Bourdon (3402), et le premier architecte du château de
Versailles, Jacques Lemercier, peint par un élève de Philippe de Champagne (3404). Enfin, parmi les souverains
étrangers, voici le pape Urbain VIII (4209), Charles Ier d'Angleterre (3423) et sa veuve Henriette de France, peintures
attribuées à Peter Lely (3424); le roi d'Espagne Philippe IV
(3408); les reines d'Espagne Élisabeth de France (3411) et
Marie-Anne d'Autriche (3361), et l'infant Don Carlos (3412),
ces dernières toiles de bonne facture espagnole, et copiées
d'après Velasquez.

RÈGNE DE LOUIS XIV

Le règne de Louis XIV emplit et domine le Musée de
Versailles. Les gloires militaires ou pacifiques d'un demi-
siècle sont racontées par la peinture et la sculpture aux
murailles du Château ; véritable apothéose, et la plus parfaite que l'on puisse imaginer, de la royauté qui se résume
dans le Roi, dont l'image peinte et sculptée sur le vif, ou
ingénieusement présentée en décors emblématiques, solli-
cite partout l'attention et s'impose par une présence universelle et unique.

Le plafond de la Grande Galerie, peint par Charles Le

LOUIS XIV AU CHATEAU DE VINCENNES

par Van der Meulen.

Brun de 1679 à 1684, sert comme de splendide introduction
à l'étude monumentale du règne. C'est une symphonie
triomphale, la préface symbolique d'un beau récit d'histoire.
Les premières grandeurs, les plus éclatantes, y sont résu-
mées en une série de fresques agencées à la mode italienne,
dans une magnificence d'architecture et de décor où le
Premier Peintre du Roi s'était déjà essayé à deux reprises,
en créant, à l'hôtel Lambert, la Galerie d'Hercule, et, au
Louvre, la Galerie d'Apollon. Cette longue voûte de
73 mètres, au cintre profond, se divise en grands et petits
compartiments, reliés par des médaillons ovales et des
camaïeux. Un tableau double des autres occupe tout le
centre, et à droite et à gauche sont réparties les dix
grandes compositions qui narrent les fastes militaires de
Louis XIV ; des titres explicatifs, peints en or sur des
cartouches, et dont Racine et Boileau ont rédigé le texte,
facilitent l'intelligence des allégories.

Les fresques ont été exécutées sous la direction de
Le Brun, et d'après des esquisses très poussées, de véritables tableaux de chevalet où le maître n'a négligé aucune
des indications les plus minutieuses. La composition centrale, point de départ de cette série majestueuse, oppose,
en deux tableaux éclatants, le Roi qui gouverne par lui-
même, 1661, et le Faste des puissances voisines de la France.
Les médaillons et les camaïeux expriment les heureux
effets du gouvernement intérieur du Roi : l'Ordre rétabli
dans les finances, 1662 ; le Soulagement du peuple pendant
la famine, 1662 ; le Rétablissement de la navigation, 1663 ;
la Protection accordée aux beaux-arts, les Ambassades
envoyées des extrémités de la terre, la Police et la Sûreté

rétablies dans Paris, 1665; la Jonction des deux mers, 1667; la Réformation de la Justice, 1667. Puis viennent les premières gloires extérieures, la Prééminence de la France reconnue par l'Espagne, 1662; l'Acquisition de Dunkerque, 1662; le Renouvellement d'alliance avec les Suisses, 1663; la Défaite des Turcs en Hongrie par les troupes du Roi, 1664; la Réparation de l'attentat des Corses, 1664; la Hollande secourue contre l'évêque de Munster, 1665; la Guerre contre l'Espagne pour les droits de la Reine, 1667; la Paix d'Aix-la-Chapelle, 1668.

Les grandes fresques racontent, de 1671 à 1678, l'histoire triomphale des guerres du Roi. Il suffira de reproduire les titres de ces allégories historiques, directement inspirées de celles qu'un siècle auparavant les Zuccheri, Vasari et les derniers élèves de Michel-Ange peignaient au Vatican et dans les grands palais romains. Résolution prise de faire la guerre aux Hollandais; Alliance de l'Allemagne et de l'Espagne avec la Hollande; le Roi arme sur terre et sur mer; le Roi donne ses ordres pour attaquer en même temps quatre des plus fortes places de la Hollande. Le Passage du Rhin en présence des ennemis, 1672, apparaît comme une traduction allégorique des vastes compositions où Le Brun lui-même a conservé au glorieux fait d'armes la vérité de l'histoire. Le Roi prend Maëstricht en treize jours, 1673; et des Victoires montrent inscrits sur leurs boucliers les noms des villes soumises. La Franche-Comté, conquise pour la seconde fois, 1674, est amenée par Mars aux pieds du Roi, conduisant ses villes en deuil. La Prise de la ville et de la citadelle de Gand en six jours, 1678, et les Mesures des Espagnols rompues par la prise

17

LOUIS XIV AU CHATEAU DE FONTAINEBLEAU

par Van der Meulen.

de Gand, terminent les allégories militaires ; c'est la fin de
cette triple alliance que Le Brun a représentée à l'un des
bouts de la Grande Galerie, du côté du Salon de la Guerre ;
à l'autre bout, près du Salon de la Paix, nous trouvons la
contre-partie : la Hollande accepte la paix et se détache de
l'Allemagne et de l'Espagne, 1678 ; tout cède au triomphe
du Roi.

Ce qui achève l'harmonie et le charme du grand décor
allégorique, c'est la splendeur des figures qui l'enveloppent
et le soutiennent. Cariatides puissantes adossées aux
pilastres, petits génies nus et roses dormant parmi les
fleurs, Victoires aux ailes blanches, vêtues de bleu, de
blanc, de vert, agitant des drapeaux où se lisent des noms
glorieux, ou inscrivant ces noms pour l'éternité sur un bouclier d'airain, faunes issus des créations de Michel-Ange ou
de Jules Romain, médaillons où resplendit le Soleil, trom-
pettes de la Renommée, trophées d'armes et d'étendards,
vases de fleurs et guirlandes de fruits, tout chatoie, étincelle
de couleurs à peine assombries, serties d'ors fauves et
rouges et verts, qui, mariés aux stucs et aux bronzes dorés
de ces frises et de ces chapiteaux exquis dont Coyzevox a
rehaussé les parois de marbre, font de cette immense et
lumineuse galerie un endroit à souhait pour la fête des
yeux.

L'histoire toutefois ne peut vivre d'allégories ; et l'esprit se lasserait bientôt de ces allusions continues, si
ingénieuses soient-elles, si Le Brun n'avait compris tout le
premier ce qu'il lui restait à faire pour rendre à la gloire du
Roi l'hommage entier qu'elle exigeait. Ce génie de second
ordre, si l'on veut, mais universel, architecte et sculpteur,

ingénieur, machiniste aussi bien que peintre, ou plutôt
ordonnateur admirable d'architecture, de sculpture, de
peinture, cerveau merveilleusement équilibré pour la composition de décors immenses, le Premier Peintre dirigea
l'exécution de toute une illustration figurée du règne de
Louis XIV. Cette illustration devait consister principale-
ment en tapisseries, où seraient tissés non seulement les
faits d'armes, mais tous les grands moments historiques,
naissances, baptêmes, mariages, alliances, et fondations de
toute sorte, la vie militaire, civile, religieuse, artistique du
grand siècle. C'est le 8 mars 1663 que Le Brun fut nommé
directeur de la manufacture royale des Gobelins. Avec l'aide
de Colbert, il en fit un atelier gigantesque, un « séminaire »
où tous les arts et métiers devaient être pratiqués et ensei-
gnés, une colonie de peintres, de sculpteurs, de graveurs,
d'orfèvres, de mosaïstes, de tapissiers, d'ébénistes, de bro-
deurs. Une grande toile du Salon de la Reine (2098), exécutée par Pierre de Sève d'après une esquisse de Le Brun,
et qui a servi de modèle à l'une de ces superbes tapisseries
que conserve et qu'expose parfois notre Garde-meuble
National, nous fait assister à une Visite de Louis XIV aux
Gobelins, le 15 octobre 1667. Le Roi, près de qui se tiennent
le duc d'Orléans, le prince de Condé, le duc d'Enghien et
Colbert, reçoit de Le Brun des explications sur les travaux
commencés. Des ouvriers présentent les vases d'or et d'argent, les meubles, les tapisseries ; un tableau de Le Brun,
le Passage du Granique, est fixé au mur ; c'est une reconstitution vivante et animée entre toutes de ce monde
artistique qui fut une des plus belles créations du grand
règne.

VISITE DE LOUIS XIV A LA MANUFACTURE DES GOBELINS

CARTON DE TAPISSERIE

par PIERRE DE SÈVE, d'après LE BRUN.

A l'endroit même où jadis étaient suspendues les tapisseries des Gobelins, dans les appartements du Roi et de la Reine, on trouvera aujourd'hui, à défaut des originaux, les modèles peints dans la dimension même où ils furent reproduits. Deux des plus importantes suites de tapisseries sont représentées à Versailles par ces modèles : l'Histoire du Roi, et la série des Châteaux ou des Mois.

L'Histoire du Roi s'ouvre par le Sacre dans la cathédrale de Reims, le 7 juin 1654 (2058, salon de Mars). Louis XIV est agenouillé devant l'évêque de Soissons, faisant fonction d'archevêque et assisté par le duc d'Orléans et l'évêque de Beauvais, qui soutiennent la couronne royale. Le maréchal d'Estrées et Mathieu Molé, connétable et chancelier, sont auprès d'eux, et l'on reconnaît dans une tribune Anne d'Autriche, tandis que Mazarin se mêle aux spectateurs. La peinture est de Baudren Yvart, élève de Le Brun. — D'un autre élève, Antoine Mathieu, l'Entrevue de Louis XIV et de Philippe IV dans l'île des Faisans, le 7 juin 1660 (2059, salon de Mars). Derrière le Roi s'avancent Anne d'Autriche, Mazarin, le duc d'Orléans, le prince de Conti, Turenne, Gramont, Madame de Navailles ; le roi d'Espagne est accompagné de l'infante Marie-Thérèse, la future reine de France, de don Luis de Haro et d'un certain nombre de dignitaires, parmi lesquels Velasquez. — Le Mariage de Louis XIV et de Marie-Thérèse d'Autriche (9 juin 1660) a été peint par Henri Testelin (2092, chambre de la Reine). L'évêque de Bayonne unit le couple royal. On peut lire aux Mémoires de Mme de Motteville la minutieuse description de la cérémonie, et ce serait le meilleur commentaire de cet intéressant tableau, dont il faut noter qu'il a été

composé pour être tissé au rebours, ce qui explique pourquoi le Roi et la Reine se donnent la main gauche.

Une copie anonyme, d'après Le Brun, représente
Louis XIV recevant au Louvre la réparation faite au nom
de Philippe IV par le comte de Fuentes, le 24 mars 1662
(1069). — Une autre copie anonyme, d'après Le Brun et
Van der Meulen, représente l'Entrée de Louis XIV à
Dunkerque, le 2 décembre 1662 (1067). — La Réduction de la
ville de Marsal, le 1ᵉʳ septembre 1663, par Henri Testelin,
d'après Le Brun et Van der Meulen (2072, salon de Mercure) est d'un grand effet : Louis XIV, à cheval, escorté
du duc d'Orléans, du maréchal de la Ferté et du duc de
Guiche, reçoit les clefs que lui tendent, profondément
inclinés, les magistrats de la ville.

Le Renouvellement d'alliance avec les Suisses (18 novembre 1663), par Pierre de Sève, d'après Le Brun
(2073, salon de Mercure) montre, dans le chœur de Notre-
Dame de Paris, le Roi, assisté des principaux seigneurs de la
cour, prêtant serment sur l'Évangile, que tient le cardinal
duc Antoine Barberini, archevêque de Reims. — L'Audience
donnée par Louis XIV au cardinal Chigi, le 28 juillet 1664,
est une copie moderne, ou plutôt une reconstitution assez
libre, par Ziégler, de la toile peinte par Antoine
Mathieu, et à demi détruite (1070). — Le Siège de
Tournai, dont la tapisserie porte la légende suivante :
« Le siège de Tournay en l'année MDCLXVII, où le Roy
Louis XIIII estant dans la tranchée s'élève au dessus et
s'expose au feu des ennemis pour reconnoistre l'estat de la
place, » et le Siège de Douai, qui a également pour
légende : « Le Siège de Douai en l'année MDCLXVII où

19

MARIAGE DE LOUIS XIV ET DE MARIE-THÉRÈSE D'AUTRICHE

CARTON DE TAPISSERIE

par TESTELIN, d'après LE BRUN.

le Roy Louis XIIII sortant de la tranchée, le canon tue le cheval d'un garde du corps, proche de Sa Majesté, » ont été peints, l'un par Pierre de Sève, l'autre par Baudren Yvart, d'après Le Brun et Van der Meulen (2076, 2077, salon d'Apollon). — L'entrée de Louis XIV et de Marie-Thérèse à Douai, le 23 août 1667 (2078, salon d'Apollon), est une peinture d'Yvart, exécutée d'après une lumineuse esquisse de Van der Meulen conservée au Louvre. Une autre esquisse non moins belle, également au Louvre, est devenue la composition originale de Le Brun et de Van der Meulen que possède Versailles, la Défaite de l'armée espagnole près le canal de Bruges, le 31 août 1667 (2106, antichambre de la Reine). C'est une copie de cette toile, par Pierre de Sève, qui a servi de modèle aux tapissiers. — La prise de Dôle, en février 1668, a été peinte par Henri Testelin, et, comme la plupart des autres toiles, d'après Le Brun et Van der Meulen (1070bis).

Les tapisseries exécutées d'après ces grandes compositions figurent dès 1684 dans l'Inventaire du mobilier de la Couronne; d'autres pièces exécutées postérieurement complètent la série. Telles sont les peintures qui représentent l'Établissement de l'Académie des sciences et la fondation de l'Observatoire, en 1666 et 1667, par Henri Testelin (2074, salon de Mercure), et l'Établissement de l'Hôtel royal des Invalides, en 1674, par Pierre Dulin (2100, salon de la Reine). — Le Passage du Rhin a été repeint en 1834 par Franque, d'après Le Brun et Van der Meulen, sur des bandes provenant de l'ancien modèle découpé aux Gobelins (2033). Cette vaste toile, qu'on peut voir au salon d'Hercule, dans un admirable cadre de Vassé, y occupe

la place d'un tableau de Véronèse, transporté au Louvre,
le Repas chez Simon, que la République de Venise avait
donné en 1665 à Louis XIV. Les figures allégoriques qui
planent dans les airs, Valeur, Victoire, Piété, Clémence,
Religion, rappellent l'ordonnance des fresques de la Grande
Galerie; mais le Roi qui commande, et les soldats qui
s'élancent, sont bien selon la vérité historique. Un autre
Passage du Rhin, par Henri Testelin ou Pierre de Sève,
qui semble aussi avoir servi de modèle pour une tapisserie,
est au rez-de-chaussée du Musée (126, salle 8); le Louvre
en possède l'esquisse très fine et minutieuse, de la main
de Van der Meulen. — Le Baptême du Dauphin (24 mars
1668), par Joseph Christophe (2099, salon de la Reine), la
Naissance et le Mariage du duc de Bourgogne (6 août
1682 et 7 décembre 1697), par Antoine Dieu (2094 et
2095, chambre de la Reine), enfin la Réparation faite à
Louis XIV par le doge de Gênes (15 mai 1685), par Claude
Guy Hallé (2107, antichambre de la Reine), ont été terminés seulement en 1715 et payés chacun 4000 livres.

C'est ici qu'il convient de classer rapidement les nombreux
tableaux de batailles exécutés pour Louis XIV par Van der
Meulen, Jean-Baptiste Martin, Joseph Parrocel et leurs élèves.
De tous les peintres historiographes du Roi, Van der Meulen
est le plus fécond et vraiment infatigable. Chargé de pré-
parer, pour les tapisseries et les estampes, les vues des
maisons royales ainsi que des villes conquises, il suit le
Roi dans ses campagnes, il en rapporte une infinité de dessins, et ces vivantes esquisses dont un bon nombre sont à
Versailles. Jean-Baptiste Martin, le « Martin des batailles »,
peint, de son côté, à l'imitation de Van der Meulen, toutes

20

PRISE DE DOLE

14 FÉVRIER 1668

par VAN DER MEULEN.

ces petites toiles d'une exécution finie et précieuse qui ornent la galerie de Chantilly et dont Versailles a des copies modernes.

La bataille de Rocroy (82), les sièges de Thionville et de Sierck (83-86), la bataille de Fribourg (88), les redditions de Durlach, de Bade, de Lichtenau, de Philipsbourg (89-92), de Spire, de Worms, d'Oppenheim, de Mayence, de Bingen, de Creuznach, de Baccarat, de Landau, de Neustadt, de Rothembourg (104-113), la bataille et la capitulation de Nordlingen, la capitulation de Dinkelsbühl, celles de Courtrai, de Bergues, de Mardick, de Furnes, de Dunkerque, la bataille de Lens (114-125) sont des copies des petits tableaux de Chantilly (salles 7 et 8). D'autres petites compositions de Van der Meulen, en partie signées (antichambre 121) représentent la Réception par Louis XIV des ambassadeurs suisses (2139), le Siège de Lille (2141), la Prise de Dôle (2143), le Siège de Valenciennes (2147), la Prise de Saint-Omer (2148).

Dans la salle 120, parmi les tableaux de batailles, il faut noter une curieuse toile, que rappellent les estampes de Chauveau, le Carrousel donné par Louis XIV devant les Tuileries, le 5 juin 1662, dans l'enceinte même qui a gardé depuis le nom de place du Carrousel (2130). L'on y voit les cinq quadrilles des nations antiques, dont le premier, celui des Romains, était conduit par le Roi, le second, les Perses, par Monsieur, frère du Roi, le troisième, les Turcs, par le prince de Condé, les Indiens, par le duc d'Enghien, et les Sauvages, par le duc de Guise. La reine, la reine-mère et la reine d'Angleterre distribuèrent les prix de cette fête splendide, qui dura trois jours.

Dans la salle 121, un autre petit tableau, sans doute l'esquisse d'un modèle de tapisserie, doit être également mentionné (2149). C'est l'Institution de l'ordre militaire de Saint-Louis, en 1693. Par un anachronisme peu grave, le peintre a représenté le Roi recevant les chevaliers dans sa chambre, telle qu'elle exista seulement à dater de 1702 ; on reconnaît le lit à baldaquin, avec ses rideaux retombants (à la différence du lit actuel), la balustrade dorée, le motif principal de la corniche, et, au mur, le roi David du Dominiquin, qui est rentré tout récemment à Versailles (salon de Mars).

Des toiles plus grandes, par Van der Meulen et par Martin, représentent la prise de Montmédy, celles de Dôle, de Gray, du fort de Joux, de Condé, d'Aire, d'Ypres (95, 96, 128, 98, 99, 130, 101, 131, salles 7 et 8). D'autres, plus importantes et plus fines encore, sont placées dans l'appartement du Roi. Au salon de l'Abondance, la Prise de Charleroi, celle de Lille, celle de Leewe, le Siège de Fribourg, proviennent de l'école de Van der Meulen (2034, 2035, 2038, 2039) ; le Siège de Valenciennes et la Prise de Cambrai (2036, 2037) sont du maître lui-même ; ils étaient autrefois dans un vestibule du château de Marly. Dans la salle des Gardes du Roi, voici la Prise d'Orsoy et le Passage du Rhin, par Martin (2131, 2132), la Prise de Salins, par Van der Meulen (2133), la Prise de Limbourg et le Siège de Namur, par Martin (2134, 2137), une copie par Frédou du Combat de Leuze, peint par Parrocel, et dont l'original est au rez-de-chaussée du Musée (160). Au salon de Mars, la Prise de Luxembourg (2060) et celle de Mons (2061) reproduisent des originaux de Van der Meulen, dont

LE LOUVRE

CARTON DE TAPISSERIE

d'après LE BRUN et VAN DER MEULEN.

l'un est au Louvre. Enfin, dans les salles 134 et 136, il y a, de Van der Meulen et de Martin, une dizaine de panneaux tout en hauteur, d'un excellent aspect décoratif : le Combat du canal de Bruges (2220), les Sièges de Charleroi, d'Ath, de Courtrai, de Santen, de Doësbourg, de Besançon, de Valenciennes, de Luxembourg (2217-2225), la Prise de Rhinberg et celle de Naerden (2205, 2206). Les paysages où se déploient toutes ces actions historiques sont des merveilles de finesse, de patience, d'observation toute flamande ; au-dessus des collines, des arbres, des villes serrées dans leurs murailles, un ciel lumineux et doux roule de grands nuages blancs, rougeâtres ou dorés.

Les douze grands modèles de la tenture des Mois ou des Châteaux ont été disposés à l'entrée de l'Attique du Midi (salle 169) où ils forment un ensemble très harmonieux. Par une ingénieuse flatterie de Le Brun, ces douze Maisons royales sont en même temps les douze Maisons du Soleil, qui n'est autre que le Roi. Toutes se présentent dans un décor de colonnes et de pilastres de marbres de couleur, où s'enroulent de somptueuses guirlandes de fleurs et de fruits, rattachées, au centre de la bordure supérieure, à l'écusson aux armes de France surmonté de la couronne royale, et soutenant un large médaillon qui porte la figure d'un des signes du Zodiaque. La bordure inférieure est une balustrade de marbre, chargée de tapis, de fleurs, de vases ; et le tout offre l'aspect d'une vaste loggia ouvrant sur l'horizon de prairies ou de bois où se dressent les Maisons royales.

Les voici toutes : c'est, pour Janvier et le signe du Verseau, le Louvre (4680), dont la fameuse colonnade

forme le décor de fond d'une féerie, où, sur une scène bor-
dée de caisses d'orangers, des déesses d'opéra dansent un
ballet, tandis qu'apparaissent dans les nues des génies qui
lancent des fleurs. A droite de la scène, au-dessus des
nombreux spectateurs, le Roi et la Reine sont assis. Pour
Février et le signe du Poisson, c'est le Palais-Royal
(4681), avec un bal costumé dansé par le Roi dans la vaste
salle qu'illuminent les lustres; pour Mars et le signe du
Bélier, c'est le château de Madrid, avec une chasse du
Roi (4682); puis c'est le vieux Versailles, avec le carrosse
royal descendant au galop des collines (4683); puis Saint-
Germain, Fontainebleau, Vincennes, Marimont (près de
Mons en Hainaut — ce château, acquis en 1667, fut rendu
aux Espagnols par le traité de Nimègue), Chambord, les
Tuileries, avec un défilé solennel des équipages de la cour
(4683-4689). Novembre, c'est Blois, et décembre, Mon-
ceaux (4690, 4691); et partout, dans les vallons boisés,
nous avons le spectacle des promenades ou des chasses
royales.

Un des éléments, non les moindres, de cet heureux
décor, ce sont les figures d'animaux et d'oiseaux qui se
promènent gravement devant les balustrades. Toute la
Ménagerie royale défile devant nous : aigles, vautours,
faucons, cigognes, hérons, pélicans, perroquets, paons et
grues et canards, loups et renards, singes, porcs-épics,
chiens et chats et rats et lynx et léopards, nous retrouvons
tous les oiseaux et animaux précieux que le Roi avait fait
rassembler à grands frais dans les bâtiments élevés par
Mansart à l'extrémité du bras gauche du grand Canal. Plus
dignes encore de remarque sont les splendides vases à

CHATEAU DE SAINT-GERMAIN

CARTON DE TAPISSERIE

d'après Le Brun et Van der Meulen.

fleurs, caisses et plats d'argent, aiguières d'or enrichies
d'émaux, seaux à glace ornés de reliefs délicats, qui sont
posés sur les bordures, ou portés par des valets ; c'est là,
mieux encore que dans les grandes toiles du premier étage,
que nous pouvons nous faire idée de ces trésors d'orfèvrerie
et de joaillerie qui emplissaient Versailles, avant que les
dernières guerres du Roi l'eussent forcé à faire monnaie de
tout. D'autres panneaux ont été peints sous Louis-Philippe
pour compléter la série des Maisons royales ; ce sont des
peintures qui n'ont rien de commun avec l'œuvre de Le Brun.

C'est à la même série des Mois que l'on peut rattacher
quatre précieuses petites toiles de Van der Meulen, peintes
en 1669 : une vue du château neuf de Saint-Germain, du
côté de la terrasse, et une vue de Versailles, ces deux
tableaux de forme ronde (2144 et 2145, antichambre du
Roi) ; une vue de Vincennes et une vue de Fontainebleau
(4342 et 4348) ; ce sont à la fois d'excellents documents
d'architecture, et de petites compositions d'un fini merveilleux, où le Roi, la Reine et les principaux personnages de la cour apparaissent dans tout l'éclat de leurs
costumes.

Les portraits nous font pénétrer plus avant dans l'intimité du grand règne ; c'est à Versailles qu'il faut venir
chercher l'illustration des Mémoires de Saint-Simon, et la
vivante traduction du livre de Voltaire. Le Roi, comme il
est juste, partout apparaît et domine. Le voici, poupon de
quelques jours, emmailloté, le cordon du Saint-Esprit au cou,
et tenu par sa nourrice, la dame Amelin, coiffée en cheveux,
vêtue d'une robe jaune paille relevée de dentelle, qui lui

présente le sein. OEuvre curieuse, de petite valeur d'art, mais que l'on pourrait indirectement rattacher à la série des portraits du Roi tout enfant qu'exécutèrent les Beaubrun, ces peintres infatigables des personnages royaux.

Agé de trois ans, une grande toile de facture commune (3370) nous le montre assis avec son frère puîné sous l'œil vigilant de Mme de Lansac ; âgé de cinq ans peut-être, c'est un enfant joufflu et naïf aux cheveux bouclés, vêtu, à l'antique, d'une petite cuirasse, dans un charmant buste de marbre anonyme (on l'attribuerait volontiers à Sarrazin) posé sur la cheminée de la salle des gardes de la Reine. Agé de dix ans (en 1648, la grande année de la paix de Munster), Henri Testelin le peint deux fois : debout, le manteau bleu fleurdelisé aux épaules, et appuyant à sa hanche le sceptre garni de velours (3475) ; puis assis sur le trône, inclinant de la main droite le sceptre d'or, présentant de la gauche une couronne de lauriers, avec, à ses pieds, les attributs de la peinture et de la sculpture (102).

C'est à la même époque qu'il faut attribuer un autre portrait assez gracieux, dans la manière de Simon Vouet, qui orne, dans l'appartement du Roi (2051, salon de Mars), le dessus d'une cheminée. Le jeune Roi, de mine fière et candide, en cuirasse et en casque, monté sur un cheval blanc, s'avance dans un riche décor qui a pour fond la Seine, le Pont-Neuf et les bâtiments de la Cité. La Gloire, agenouillée sur les nues, tend au-dessus de sa tête une couronne de lauriers, et un amour ailé, soulevant une draperie rouge, lui présente un rameau d'olivier.

Six ans plus tard, Gilles Guérin, dans un marbre spirituel et charmant, placé à Chantilly, et dont Versailles conserve

23

LOUIS XIV

par BERNIN.

l'unique moulage (sous les arcades qui font communiquer
la cour des Princes avec la terrasse du Midi), représentait
le roi vainqueur de la Fronde, le sceptre en main, un pied
posé sur un soldat gisant qui symbolise la Discorde.

L'époque triomphale commence, et c'est Bernin, appelé
de Rome pour terminer le Louvre, qui a l'honneur, en 1665,
de sculpter le premier grand buste officiel du Roi (2040).
Ressemblant, non pas, mais d'un faste, d'un orgueil merveilleux, dans les plis de sa draperie tourbillonnante. Ce
buste fut célèbre dès l'origine, et aujourd'hui encore il fait
en quelque sorte partie intégrante et nécessaire du décor
du Château. Dans le salon de Diane, en face des fenêtres,
il se dresse sur un piédouche de marbre qu'encadrent des
trophées de bronze. Au-dessus, deux amours de bronze se
détachent du mur, et soutiennent une couronne. C'est une
apothéose. Un autre buste, attribué également à Bernin
(1889, extrémité sud de la Grande Galerie), semble d'époque
postérieure, et rappelle par sa facture lâche et boursouflée
la statue équestre, le Marcus Curtius dont il sera question
plus loin.

Warin voulut surpasser Bernin. Il élargit sa manière flamande minutieuse et sèche, tout en lui conservant ses
qualités de patiente observation, et créa (en 1666) un buste
extraordinaire, qui ne le cède qu'à l'œuvre analogue de
Coyzevox, puissant, paisible dans la cuirasse précieusement
ciselée où rayonne le soleil emblématique (224). Il fut
moins heureux, et froidement théâtral, dans la statue solennelle, costumée à la romaine, debout dans une niche lam-
brissée et peinte au milieu de ce salon de Vénus qui précède
le salon de Diane, et où s'ouvre encore une porte de l'ancien

escalier des Ambassadeurs (2667) ; travail trop ingénieux d'un grand sculpteur où domine l'art du médailleur émérite.

En 1672, Jean Garnier exécute pour sa réception à l'Académie un portrait du Roi (2184). C'est une œuvre singulière, présentée comme un tableau de nature morte, de façon peu séante à la dignité du modèle. Dans une salle obscure, appuyé sur une table où l'on voit des instruments de musique, ce portrait, dans un cadre ovale, est suspendu par un ruban rouge à des cordons ; à terre il y a des livres, des papiers, un compas, une équerre, un crayon, une mappemonde, un buste de Minerve, et des fruits.

A la même époque environ appartiennent de solennelles figures équestres. Attribué à Le Brun, mais plutôt de Houasse, un Louis XIV en tenue de guerre, sans la moindre allusion mythologique : coiffé d'un chapeau à grande plume, vêtu de rouge et d'or, une canne de commandement à la main, il monte un cheval blanc qui se cabre, dans une attitude de statue (2109, antichambre de la Reine). De Mignard, le Roi en armure, couronné par la Victoire, après la prise de Maëstricht. Ce tableau (2032) figure aux Comptes des Bâtiments, avec un portrait en pied, pour un paiement de 6.600 livres, à la date du 17 octobre 1674. Exposé d'abord au salon de l'Abondance, puis à Trianon, il a remplacé, dans un splendide cadre de Vassé, une des deux peintures de Véronèse qui décoraient autrefois le salon d'Hercule. Au salon de l'Œil-de-Bœuf, une réplique assez différente (2156 ; le Roi est costumé à l'antique et a pour selle une peau de tigre).

En 1678 apparaissent, dans les Comptes des Bâtiments du Roi, les premiers paiements pour des œuvres de Coyzevox. Cette année-là, il s'agit d'un buste du Roi et d'un buste

24

LOUIS XIV COURONNÉ PAR LA VICTOIRE

par PIERRE MIGNARD.

du Dauphin ; puis, le 21 août 1682, il est payé 6.300 livres
pour trois bustes de marbre, « dont deux du Roy et l'autre
de Monseigneur ; » enfin, en 1684 et 1685, des à compte
sont versés au sculpteur pour les bustes du Roi et de la
Reine. Parmi les bustes du Roi conservés à Versailles, un
seul, un chef-d'œuvre, appartient sans conteste à Coyzevox ;
c'est le buste plus grand que nature (dans les mêmes
dimensions que celui de Warin) qui est exposé au rez-de-
chaussée, proche de l'escalier de la Reine (789, vestibule 38).
Rien de particulier dans le costume ; c'est la cuirasse à l'antique, ornée d'une fleur de lis et de griffons, et à demi cou-
verte d'un manteau ; mais quelle fierté, quelle autorité dans
cette tête si noblement énergique, et comme l'on sent bien
que cette expression superbe ne peut appartenir qu'au seul
Coyzevox !

C'est à ce maître délicat et réfléchi entre tous, que l'on
aimerait attribuer aussi un charmant petit buste de marbre
blanc à socle de marbre jaune, qui est posé sur une console
de bois doré dans le Cabinet du Roi (2195) ; il est traité
avec la finesse et la souplesse d'un ivoire. Un autre buste
anonyme (2128), et qui nous présente le Roi vers le même
temps (c'est-à-dire environ l'année 1680), ressemble de très
près à ce dernier, avec une exécution plus froide ; il rappelle également le buste de Coyzevox, qui ornait autrefois
l'escalier des Ambassadeurs, tel que nous le connaissons par
la gravure de Surugue. Un peu postérieur, un buste de
bronze, sur un socle de marbre vert et rouge (2166,
chambre du Roi), qui donne une figure plus lourde, aux
paupières gonflées, peut-être de Desjardins ?

On peut rapprocher du grand buste de Coyzevox, par

leur date vraisemblable, deux peintures anonymes qui
représentent Louis XIV à mi-corps, en cuirasse, avec une
cravate de dentelle blanche et de soie rouge (3497, très
bonne toile d'un élève de Le Brun), ou assis, en grand
costume royal, ses gants à la main droite, et indiquant de
la gauche un plan posé sur une table (3500); cette dernière
toile peut-être de Saint-André. Une toile de Geuslain, exposée au salon de Mercure (2066), accentue l'âge et la dureté
des traits.

Au premier abord, on croirait reconnaître le Dauphin,
plutôt que Louis XIV, au profil plus aigu, au nez plus
aquilin, de narines très ouvertes, dans le délicieux petit
bronze à patine noire, placé sur une table dans la chambre
de Louis XV (2172). C'est un modèle de statue équestre,
d'une finesse ardente et spirituelle; l'allure du cheval qui
se cabre, la maigreur des jambes nerveuses, du bras
tendu, qui tient le bâton de commandement (car c'est la
tenue de rigueur, cuirasse et jambières à la romaine), la
jeunesse de la tête sous ses longs cheveux bouclés, et la
grâce même du socle aux incrustations de cuivre, avec,
aux angles, quatre figures de faunes, tout ici paraît œuvre
d'un grand sculpteur.

En 1680, Coyzevox travaille au décor du salon de la
Guerre; il y modèle ce stuc merveilleux de quatre mètres
de haut (2090), où le Roi, jeune, radieux, vainqueur, foule
aux pieds de son cheval les nations enchaînées, stuc destiné
à être exécuté en marbre, sous la direction de Coyzevox,
par ses élèves et amis les frères Coustou, les auteurs du
délicieux marbre allégorique, d'une exécution si souple et
si caressée, le Passage du Rhin (1), exécuté sous Louis XV,

et qui occupe, au vestibule de la Chapelle, l'emplacement premier du célèbre bas-relief de Puget, Alexandre et . Diogène. Il est inutile de décrire la statue en pied terminée en 1683 par Desjardins, et conservée à l'intérieur de l'Orangerie; la tête en est moderne. Il en va de même de la grande statue équestre du Roi, par Bernin, exécutée à Rome, et transportée à grands frais, en 1684 et 1685, à Versailles, où Louis XIV mécontent, et qui voulait d'abord la détruire, en fit modifier la tête par Girardon. C'est le Marcus Curtius relégué à l'extrémité de la pièce d'eau des Suisses, au pied de la colline de Satory. Pendant que Bernin achevait cette œuvre malencontreuse, Domenico Guidi sculptait aussi à Rome, sur les dessins de Le Brun, le groupe allégorique, la Renommée écrivant l'histoire de Louis XIV, qui lui fut payé 8.870 livres en 1688, et que l'on voit encore tel qu'il fut placé au pourtour du bassin de Neptune.

Est-ce à Desjardins, est-ce à Girardon qu'il faut attribuer le modèle de statue équestre, en zinc (2194, OEil-de-Bœuf), où nous voyons le Roi, vêtu à la romaine, tenant le bâton de commandement solidement appuyé sur la cuisse, et campé raidement sur un cheval aux formes massives? Ce modèle rappelle également, et avec de légères variantes, la fameuse statue de la place Vendôme, par Girardon (le Louvre en possède une réduction en bronze), et celle que fit Desjardins pour la ville de Lyon. Le Roi nous apparaît déjà vieux et triste, presque grimaçant, la figure élargie, les yeux cernés de plis.

Tel nous le voyons encore dans les toiles de Rigaud. Le grand portrait en pied du salon de Diane (2041), où le Roi,

debout, en manteau de velours et d'hermine, s'appuie sur
son sceptre, ayant près de lui, sur un coussin, la couronne
et la main de justice, n'est qu'une des répétitions anciennes
d'un original célèbre, peint en 1701 (au Louvre). Une autre
réplique, avec variantes, est exposée au rez-de-chaussée de
l'aile du Nord (103) ; et le Musée possède également une
très fine réduction provenant de l'atelier du maître (3563).
Enfin un portrait à mi-corps, où le Roi en armure, coiffé
d'une perruque énorme, tient en main le bâton de commandement (3499), semble une imitation de la magnifique toile
que conserve le Musée du Prado, à Madrid.

Il faut chercher dans les tableaux de Martin et d'Allegrain représentant les bosquets de Versailles, l'image du
Roi vieilli, en costume de promenade, tantôt appuyé sur
sa canne, tantôt traîné dans son fauteuil à roulettes, soit
au bosquet de l'Arc-de-Triomphe, soit en face du « Buffet »
de Trianon. Mais mieux que dans les marbres ou les toiles,
le Louis XIV des dernières années revit dans la cire extraordinaire d'Antoine Benoist (2167, chambre du Roi). C'est
en 1706 ; il a soixante-huit ans. Et ce profil est vivant à tel
point, qu'on a l'impression de la chair jaune, exsangue, la
moustache et la barbe rasées laissant leur trace, le nez à
l'aile teintée de rouge, les lèvres pâles, l'inférieure avançant,
l'œil d'émail, à prunelle gris verdâtre, luisant sous la peau
plissée des paupières, où sont plantés des cils. Les sourcils
sont peints. Une perruque de cheveux gris — ne fut-elle
pas réellement portée ? — un col de dentelle et un ruban de
soie bleue se détachent sur un pan de velours rouge.

Le meilleur portrait de Marie-Thérèse d'Autriche que

25

LOUIS XIV EN 1706

CIRE

par Antoine Benoist.

possède Versailles est une toile des frères Beaubrun, placée dans le salon de l'Œil-de-Bœuf (2159). La Reine, qui était, on le sait, de taille médiocre et de traits peu réguliers, nous apparaît assise, enveloppée du manteau bleu fleurdelisé doublé d'hermine, qui tranche sur le rouge sombre d'un rideau ; de sa main droite gantée elle tient un gant à longue frange. C'est une œuvre d'apparat, directement inspirée du portrait d'Anne d'Autriche par Nocret le père, que nous avons vu au salon de Mercure. Une autre toile, sans doute des mêmes peintres (2042, salon de Diane), et d'allure également solennelle (on en peut voir dans la chambre de la Reine une réplique diminuée, 2093), montre la couronne royale sur la table près de laquelle est assise Marie-Thérèse. Même composition dans un portrait du salon de Mercure (2067), avec une variante : la Reine tient de la main droite un portrait, celui du Roi sans doute, enfermé dans un étui. Enfin, dans un tableau de l'attique du Nord (3501), la Reine est debout, vêtue d'une robe de soie blanche, et relevant d'une main son manteau de velours bleu.

Deux toiles se distinguent de cette série monotone, et mériteraient une étude attentive, si l'éloignement où on les voit ne rendait cette étude assez difficile et ne les laissait confondre avec d'autres œuvres d'un caractère purement décoratif. Ce sont des compositions allégoriques, placées en regard l'une de l'autre dans l'attique qui surmonte la corniche de la chambre du Roi. Elles ne sont pas numérotées, et c'est à peine si le catalogue pourtant si complet de Soulié en donne une rapide mention. On peut les attribuer, la première même avec certitude, à Saint-André, qui paraît avoir travaillé dans la manière des Beaubrun. Les deux

Reines, Anne d'Autriche et Marie-Thérèse, sont ici réunies par un symbolisme ingénieux. D'un côté, c'est une allégorie classique, la Paix et la Concorde qui se donnent la main. Anne, en robe rouge et manteau gris bleu, porte une légère cuirasse ; un bouclier est à ses pieds ; elle appuie la main gauche sur un casque à grand panache, et tend la droite à Marie-Thérèse, vêtue du costume royal, et tenant un rameau d'olivier, tandis qu'à ses pieds sont jetés des fruits, pommes et raisins. De l'autre côté, c'est une sorte de sujet de sainteté, qui se présente dans un cadre feint en pierre. Anne, c'est-à-dire sainte Anne, avec un voile sur les cheveux, est assise à côté de Marie, la Vierge, en robe rose et manteau bleu, qui tient sur ses genoux son fils vêtu d'une petite chemise. Une miniature sur vélin (5056) reproduit en tons de grisaille cette dernière composition.

En même temps que ces œuvres emblématiques, on peut étudier un petit tableau, d'aspect mystérieux (4234), qui porte la signature d'un peintre de Nancy, Claude Deruet, mort en 1660. C'est une chasse, mais toute symbolique. Louis XIV, Anne d'Autriche et Monsieur, tous trois à cheval dans une forêt, rencontrent Junon, Vénus et Minerve, accompagnées d'amours, dont l'un menace le Roi d'une flèche. Divers détails de cette subtile peinture font allusion, semble-t-il, à un projet de mariage royal.

C'est une allégorie encore, et infiniment curieuse, qui groupe autour du Roi toute la famille royale dans un grand tableau de Jean Nocret, autrefois à Saint-Cloud, maintenant au salon de l'Œil-de-Bœuf (2157). L'Olympe est devant nous, un Olympe où ne préside plus Jupiter, mais bien Apollon ; et une description contemporaine va nous

26

LE MARIAGE DE LOUIS XIV

COMPOSITION ALLÉGORIQUE

par Claude Deruet.

27

LA FAMILLE DE LOUIS XIV

COMPOSITION ALLÉGORIQUE

par JEAN NOCRET.

aider à en reconnaître les divinités. Le Roi Soleil, couronné
de lauriers, siège sur un trône à draperies de velours ;
auprès de lui voici la mère des dieux, Cybèle, qui est Anne
d'Autriche ; Junon, ou Marie-Thérèse ; l'astre Lucifer, ou
Monsieur ; Flore, ou Mademoiselle, depuis reine d'Espagne ;
Amphitrite, ou Henriette de France, reine d'Angleterre ;
Diane, ou Mademoiselle de Montpensier ; les trois Grâces,
qui sont Mesdemoiselles d'Orléans (Mesdames de Guise, de
Toscane et de Savoie) ; l'Amour, ou le Dauphin, et un petit
génie, Monsieur de Valois. Des portraits posés à terre
représentent Henriette d'Angleterre et deux enfants du
Roi morts jeunes.

Du grand Dauphin Versailles possède de très nombreuses
effigies. Il est tout enfant, vêtu à la romaine d'une cuirasse
où flottent ses longs cheveux blonds, dans une peinture
anonyme que l'on peut rattacher à l'atelier des Beaubrun (3439). Il a une vingtaine d'années, dans l'admirable
buste de Coyzevox (2044, Salon de Diane), exécuté soit
en 1679, soit en 1682, car Coyzevox fit deux bustes, comme
en témoignent les Comptes des Bâtiments ; le marbre de
Versailles nous le montre vêtu d'une armure finement tra-
vaillée de fleurs de lis et de dauphins, que recouvrent en
partie le cordon de l'ordre du Saint-Esprit, et les plis d'un
manteau. Au piédouche est sculpté un dauphin en bas-
relief. Moins jeune, la réplique d'un portrait de Mignard le
représente en armure, adossé à une colonne et s'appuyant
sur une canne (3553) ; dans plusieurs toiles anciennes de
l'école de Rigaud, dont la meilleure peut-être se voit au
salon d'Apollon (2085 — voyez aussi 133, 3552, 3598 et
3599), il figure également en cuirasse, tenant le bâton de

commandement, et posant la main sur son casque. Un autre
portrait (4295) lui donne une armure fleurdelisée, un bâton
orné de dauphins ; il prend un gantelet sur une console de
pierre où sont posés son casque et son manteau. Ailleurs
(3597), c'est encore le général assiégeant, mais en habit
rouge, ayant près de lui son cheval que tient un page ;
ailleurs encore (4297), toujours en armure, il nous apparaît
âgé, les traits fatigués.

Ayant étudié le dauphin dans sa vie guerrière, nous pouvons l'entrevoir aussi dans l'intimité de la famille, assis
auprès de la Dauphine, tandis que ses enfants jouent à ses
pieds. C'est, dans la salle des gardes de la Reine (2116), une
excellente copie, en plus petites dimensions, signée *Delutel
1692*, du célèbre tableau de Mignard conservé au Louvre,
et dont on peut admirer, à Versailles même, au plafond de
la sacristie de l'église Notre-Dame, une belle réplique
ancienne, dans les dimensions de l'original. Marie-Anne-
Christine-Victoire de Bavière, dauphine de France, figure
à Versailles, en dehors du tableau de Delutel, en deux
peintures anciennes de petite importance (2086, salon
d'Apollon, et 4298), où elle porte le costume d'apparat,
avec manteau fleurdelisé.

L'aîné des enfants du grand Dauphin, le duc de Bourgogne, âgé d'environ vingt ans, est représenté dans l'attitude du commandement, sur un champ de bataille, en une
série de toiles, répliques ou copies avec variantes, directement ou non issues de l'atelier de Rigaud (167, 2101,
2168, 3619, 3659, 4323). Quant à la duchesse de Bourgogne, elle triomphe au Musée de Versailles comme à la
cour de Louis XIV. La voici d'abord, âgée de douze ans,

LA DUCHESSE DE BOURGOGNE

par SANTERRE.

l'année même de son mariage, vêtue du solennel manteau fleurdelisé, et tenant une gerbe de fleurs (2102, salon de la Reine); réplique ancienne d'une œuvre de Rigaud sans doute. Un peu plus tard, nous la voyons en robe bleue et manteau rose, tenant un collier de perles, une couronne posée devant elle (3620). Puis, âgée de vingt-quatre ans, Santerre nous la présente toute embellie, et vraiment royale (2117, salle des gardes de la Reine ; le tableau est signé, et daté de 1709 ; il fut payé 3000 livres). Vêtue d'une robe de soie gris perle fermée de gros rubis et de turquoises, elle se promène sur la terrasse d'un parc, ayant à sa suite un jeune page enturbané qui porte la queue de son manteau de velours bleu à fleurs de lis d'or doublé d'hermine. Elle a dans la main gauche un rameau fleuri d'oranger, et de la droite semble donner un ordre à un amour qui tient une corbeille pleine de renoncules, de jacinthes et de chèvrefeuille ; le regard est doux, caressant, la poitrine jolie. Il y a, dans la chambre du Roi (2169, au-dessus de la porte ouvrant sur l'Œil-de-Bœuf), une excellente réplique ancienne, à mi-corps, du chef-d'œuvre de Santerre.

Mais est-ce donc là, dans cette élégance un peu mièvre, la nymphe hardie et emportée, d'allure garçonnière, la Diane de Coyzevox (au Musée du Louvre), dont le buste placé sur la cheminée de la chambre du Roi nous donne une si vivante idée ? Ce buste signé du maître, et daté de 1710, est une des merveilles de Versailles (2170). Le croissant de Diane orne les cheveux. C'est la tête seulement, avec l'attache nerveuse du cou, le profil masculin, énergique et railleur, la lèvre inférieure épaisse, les narines mobiles, le tout pénétré de mouvement, de joie et de vie.

Nous retrouverons parmi les souverains étrangers le second fils du Dauphin, le duc d'Anjou, le futur Philippe V d'Espagne. Une gracieuse petite toile de Mignard (3629, qui n'est en somme qu'un morceau détaché de la vaste composition copiée par Delutel) le représente enfant, vêtu d'une robe bleue, assis sur un coussin rouge, et jouant avec un chien. Charles de France, duc de Berri, troisième fils du Dauphin, figure en tenue militaire dans une toile de l'école de Rigaud placée au salon de la Reine (2104), et dans un portrait du xviiie siècle, ayant fait partie de la collection de l'ordre du Saint-Esprit (4325). La duchesse de Berri, en habits de veuve, a été peinte par Louis de Silvestre l'année 1714 (4326).

De Monsieur, frère du Roi (Philippe de France, duc d'Orléans), il y a plusieurs portraits qui le représentent enfant avec le jeune Louis XIV, et nous connaissons déjà ces portraits (3369, 3370, 3440) ; le voici encore, enfant, avec le cordon du Saint-Esprit (4235). Puis, dans une toile de Michel Corneille (2082, salon d'Apollon), il porte une cuirasse et un manteau pourpre ; il a le bâton de commandement à la main ; dans une toile de l'école de Mignard, vêtu à la romaine, il monte un cheval blanc qui se cabre (2160, OEil-de-Bœuf) ; dans une autre toile de même école, il se tient debout, en armure, appuyé sur une canne, et regardant le portrait de sa fille aînée, Marie-Louise d'Orléans, reine d'Espagne, que lui présente un amour (2161, OEil-de-Bœuf). Sa première femme, Henriette d'Angleterre, nous apparaît toute gracieuse en deux toiles de l'école de Mignard (2083, 3052), où nous la voyons vêtue du manteau fleurdelisé, un petit chien sur ses genoux. Un

29

HENRIETTE D'ANGLETERRE
TENANT LE PORTRAIT DE SON MARI, PHILIPPE DE FRANCE, DUC D'ORLÉANS

par ANTOINE MATHIEU.

MADEMOISELLE DE MONTPENSIER
TENANT LE PORTRAIT DE SON PÈRE, GASTON D'ORLÉANS
par PIERRE BOURGUIGNON.

tableau plus important (3503), composé par Antoine
Mathieu pour sa réception à l'Académie en 1664, la représente en Minerve, assise et tenant le portrait de Monsieur,
peint sur un bouclier. La seconde duchesse d'Orléans, Élisabeth-Charlotte de Bavière, la Palatine, est jeune, point
enlaidie encore dans le tableau de François de Troy, qui
date de 1691, l'année même de son mariage (2162, OEil-de-
Bœuf). Vêtue de velours bleu doublé d'hermine, elle est
assise ; un négrillon lui présente des fleurs. Une réplique de
la célèbre peinture de Rigaud (2084), dont il semble que
l'original soit à Ferrières ou à Brunswick, nous la montre,
en 1713, âgée de soixante et un ans, bouffie, l'œil dur, la
bouche méprisante, se raidissant dans une somptueuse robe
de soie brochée.

De Mademoiselle de Montpensier, fille de Gaston d'Orléans, la grande Mademoiselle, il y a, outre plusieurs
peintures modernes, trois portraits intéressants, l'un de
l'école de Mignard, au salon de l'OEil-de-Bœuf (2163), où
elle est vêtue de rouge et de bleu, et regarde un portrait
de son père, l'autre, de même école (3476), où, la main
tendue vers un lis, elle traverse un parc, prête à être
couronnée par un génie qui descend des airs. Le dernier a
été peint par Pierre Bourguignon pour sa réception à
l'Académie en 1672 (3504), et rappelle la composition du
portrait d'Henriette d'Angleterre par Mathieu : Mademoiselle en Minerve, casquée et drapée à l'antique, appuyée
sur une lance, tient en main un médaillon peint de Gaston
d'Orléans.

Un portrait de la duchesse de Longueville la représente
assise, des fleurs à la main (2055, salon de Mars). De Louis II

de Bourbon, le grand Condé, outre le plâtre de la statue par
Coyzevox (à Chantilly), et des toiles modernes, il y a un portrait en tenue guerrière, avec, pour fond, une bataille
(3478), et surtout une singulière apothéose inventée par
Nicolas Eude, dans le goût de Simon Vouet (3505) : Hercule peint la figure du héros sur une peau de lion que soutiennent deux génies ; la Gloire agite dans les airs un drapeau et une couronne. De Louis III de Bourbon-Condé,
deux portraits d'allure militaire (3621, 4327), dont le dernier est de l'école de Rigaud. D'Armand de Bourbon,
prince de Conti, et de la princesse, rien qui vaille d'être
cité ; mais, de Louis de Bourbon-Conti, un monument de
marbre par Nicolas Coustou (1902), autrefois dans l'église
de Saint-André des Arcs : Minerve, appuyée sur un lion,
contemple le médaillon du prince ; et, de la princesse de
Conti, une peinture délicate, qui la représente tenant une
corbeille de fleurs (4367).

Les enfants du Roi et de Mademoiselle de La Vallière,
Mademoiselle de Blois et le comte de Vermandois, sont
réunis dans une gracieuse toile de Mignard (au château
d'Eu), dont Versailles possède une copie (4304). Parmi
ceux de Madame de Montespan, le comte de Toulouse est le plus souvent représenté : d'abord par Mignard
(3625), en joli amour nu, dormant, son carquois près de
lui, sur un lit de soie bleue et sur un oreiller rouge, tandis
que derrière le rideau fume l'encens d'une cassolette d'or.
Ailleurs (3626), le voici enfant encore, coiffé d'une toque ;
puis (3663 et 3704), d'âge viril, grand amiral de France, en
cuirasse, la Toison d'Or au cou. Le duc du Maine n'a
qu'un portrait médiocre (3623), tandis que la future

MADEMOISELLE DE BLOIS ET MADEMOISELLE DE NANTES

par Vignon.

duchesse du Maine, Anne-Louise-Bénédicte de Bourbon, inspire à Mignard une de ses œuvres les plus exquises (3624). Enfant de sept ou huit ans, vêtue de bleu, assise sur un coussin rouge, elle fait des bulles de savon. Près d'elle, un perroquet et un épagneul ; comme décor, les arbres d'un parc. Louise-Françoise de Bourbon (Mademoiselle de Nantes), appelée Madame la Duchesse depuis son mariage avec le prince de Condé, a été peinte par Vignon dans une gracieuse petite toile (3645) qui la réunit à sa sœur Françoise-Marie (Mademoiselle de Blois), la future femme du Régent. Les deux enfants sont assises sur une terrasse qui domine un parc ; l'une caresse un petit chien, l'autre prend des fleurs dans un vase que lui présente un négrillon. La première des deux sœurs a encore été peinte par Gobert, peu avant son mariage, debout devant une console où sont posées des fleurs (3702), puis, peut-être par le même artiste, en manteau bleu fleurdelisé (3644), enfin dans une composition allégorique, médiocre imitation de la Galatée de Raphaël (3739). Parmi les portraits des Vendôme et des Guise, et d'autres encore apparentés à la famille royale, rien qui ne soit moderne, ou de valeur documentaire insignifiante.

On sait combien est flottante l'iconographie de Mademoiselle de La Vallière, et que de portraits lui sont attribués, qui n'offrent entre eux que les plus lointaines ressemblances. La copie d'une toile de Mignard, peinte vers 1674, et appartenant au marquis d'Oillamson à Falaise (5052), peut servir d'excellent point de départ à ces recherches iconographiques. C'est un tableau savamment ordonné, et dont le décor est tout nourri d'ingénieuses allusions. La

duchesse, en robe de soie blanche, une écharpe bleue jetée
sur l'épaule, est assise dans une large loggia ouverte sur la
campagne boisée. A ses pieds les souvenirs de ses joies,
cassette de bijoux, et bourse d'or, et mandoline, et cartes
et masque comique. Ses enfants sont auprès d'elle, qui
réfléchit douloureusement, tenant de la main droite une
renoncule qui s'effeuille. Sur la table, deux seuls livres,
l'Imitation et la Règle de sainte Thérèse. Et l'inscription
d'un pilastre nous [précise bien le sens de l'allégorie :
Sic transit gloria mundi. Deux autres portraits nous
montrent La Vallière dans sa jeune royauté. Le premier,
qui rappelle le style de Nocret (et nous savons qu'un portrait de La Vallière par Nocret fut porté à Versailles vers
1663), la représente vêtue d'une robe blanche et d'une
écharpe bleue, un voile noir jeté sur ses beaux cheveux
blonds, et s'accoudant sur un coussin rouge (3539). Dans
l'autre (3540), c'est une chasseresse, vêtue de gris, le carquois au dos, flattant de la main un de ses chiens, dans
un beau paysage automnal (nous savons également que
vers 1661 Lefebvre l'avait peinte en Diane surprise par
Actéon). Voilà pour les images authentiques. Parmi les apo-
cryphes, il faut citer une étrange composition de Peter
Lély, où chante une élégante sainte Cécile, accompagnée
par trois jeunes anges (3562).

Le portrait ovale 2411, qui pourrait bien être la copie
d'un pastel, n'est certainement pas une La Vallière, mais
bien une Montespan, et même l'unique portrait de Madame
de Montespan qui offre quelque intérêt parmi les toiles de
Versailles (3541, 3542, 3543), en y joignant toutefois une
autre peinture qui la représente âgée d'une douzaine d'an-

32

LOUISE DE LA VALLIÈRE

par JEAN NOCRET.

33

MADAME DE MAINTENON

par Ferdinand Elle.

nées, et qui porte l'inscription : Françoise de Rochechouart
(2112). On ne saurait considérer comme un portrait, mais
il faut citer cependant une figure de Madame de Montespan,
debout, aux côtés du Roi et de la Reine, dans le si curieux
petit tableau (740) où la voiture royale, conduite à grandes
guides par Louis XIV lui-même, passe, escortée des gardes
du corps, devant le château de Clagny.

De Madame de Maintenon, Versailles a des portraits
intéressants : deux répliques anciennes, dont une excellente (3637) du célèbre tableau de Mignard (au Louvre) ;
et une grande toile de Ferdinand Elle, provenant de la
maison royale de Saint-Cyr (2196 ; copie à mi-corps dans
l'antichambre de la Reine, 2113). Assise dans un fauteuil
de velours violet à très haut dossier, austèrement vêtue
d'une robe de velours à collerette et manches de dentelles,
la fondatrice de Saint-Cyr, dont on aperçoit les bâtiments par une échappée sur la campagne, a devant elle,
agenouillée dans une robe de satin blanc, sa jeune et
jolie nièce Françoise d'Aubigné, depuis duchesse de
Noailles.

Après ces trois grandes figures toutes voisines du Roi,
il reste peu de portraits de véritable valeur dans la série
féminine ; la plupart de ces effigies aimables ou sévères
sont des copies exécutées sous Louis-Philippe d'après des
originaux d'authenticité incertaine. Il faut pourtant mettre
à part les bustes de la mère Angélique et de la mère
Agnès Arnaud, abbesses de Port-Royal (4269, 4270), qui
sortent de l'atelier de Philippe de Champagne, et que
l'on pourrait utilement rapprocher du tableau du Louvre ;
une tête assez fine de Louise de Nointel (4193) ; des por-

traits anciens et médiocres de Catherine de Neufville, comtesse d'Armagnac (3533); de la duchesse de Foix (3534); de la comtesse de Frontenac (3508), la Maréchale de camp de la grande Mademoiselle, portant, à l'exemple de sa maîtresse, le casque et la cuirasse sous une écharpe bleue, l'arc et le bouclier; la princesse de Guéménée (3487); les comtesses de Jarnac (3509) et de Guiche (3573); la duchesse d'Arpajon (3568) en robe jaune; Madame de Brissac (3570) en robe blanche; Madame de Noailles (3510) en robe rouge; Madame de Chaulnes (3532) en toilette de veuve; Anne de Rohan-Chabot, princesse de Soubise (2110); Madeleine Fare Le Tellier, marquise de Villequier (3523), s'enveloppant de son manteau rose; la princesse de Monaco (3526), en soie blanche et velours bleu doublé d'hermine; la maréchale de l'Hôpital (3469), dont le dernier mari fut Jean Casimir, prince de Pologne, retiré en France; Anne de Souvré, marquise de Louvois, peinte par Simon Dequoy en 1695 (4261); Louise de Prie, maréchale de La Mothe-Houdancourt, gouvernante des enfants de France pendant trois générations, dont le portrait, d'une tenue grave et très noble dans ses tons noirs se détachant sur une draperie bleue, compte parmi les meilleurs que Versailles possède de cette époque (4299); et des inconnues (4350, 4352, 4354, 4355), parmi lesquelles une savante, une des Précieuses de Molière (4353), assise, un livre en main, près d'une sphère céleste, et regardant la campagne où se dresse un observatoire, voilà toute une cour d'intelligence, de beauté, d'intrigues, d'austérité, où l'on voudrait faire régner en souveraine l'incomparable Sévigné, si Versailles malheureusement n'avait d'elle

34

CATHERINE MIGNARD

COMTESSE DE FEUQUIÈRES

par PIERRE MIGNARD.

aucun portrait original. La reine de beauté, dans le xviie siècle versaillais, c'est la jeune comtesse de Feuquières, Catherine Mignard, la fille du célèbre peintre (3677). Son père l'a voulu représenter en messagère de sa propre gloire. Très élancée, très élégante, faisant face au spectateur, vêtue d'une robe bleue et d'un manteau lilas, des fleurs dans ses cheveux noirs, elle tient de la main droite la trompette de la gloire, et le portrait ébauché de son père. Des dessins de Mignard sont posés sur la table ; et quel meilleur moyen de s'assurer l'immortalité que d'en remettre le soin à une Renommée aussi exquise ?

Le grand Mazarin n'est représenté à Versailles que par deux peintures anciennes de très petite valeur (2052, 3472), et par un buste moderne. Mais de Colbert, voici, dans la Grande Galerie, un buste de marbre très froid, très sobre, par Coyzevox (225) ; un moulage de la statue, par Coyzevox également, que l'on voit dans l'église de Saint-Eustache (2842) ; au Salon d'Apollon, un portrait médiocre (2087) ; au Cabinet des chiens, un autre, peint en 1666 par Claude Lefebvre (2185), et qui est une œuvre digne d'attention. Le ministre, vêtu de soie noire et de dentelles blanches, debout, tient en main des plans ; à sa droite, sous un rideau brun, un socle de bois noir incrusté de cuivre, dans le style de Boulle, supporte un Atlas de bronze doré avec le globe du monde. Voici encore un portrait qui fait partie de la collection de l'Académie française (2920) ; un qui provient de l'hôtel de la Marine, à Versailles (3521). De Nicolas Fouquet, une superbe peinture dans le style de Sébastien Bourdon, une figure vêtue de noir, maigre, aux yeux ardents sous de longs cheveux noirs (4259). Des moulages reproduisent le buste de Louvois par Girardon (2843), conservé au Louvre. et le grand mausolée, par Girardon et Van Clève, qui passa du Musée des Monuments français dans l'église de l'hôpital civil de Tonnerre (1895). Deux toiles, au salon d'Apollon et dans le Cabinet des chiens (2088, 2186), cette dernière, une copie ancienne, par Héraut, d'une peinture de Ferdinand, une autre encore, provenant de l'hôtel de la Marine (3522), font pendant aux portraits de Colbert. Claude Lefebvre nous montre Seignelay, fils du grand Colbert, assis à son bureau de secrétaire d'État, devant ses papiers et ses livres (3556); des moulages d'après le monument de Mazeline et Hurtrelle, placé dans l'église de Saint-Gervais (1891), et le buste de Coyzevox conservé au Louvre (2837), nous font connaître Michel Le Tellier. François-Marie Le Tellier (3606), Jérôme et Louis Pontchartrain (3667, 4371, ce dernier portrait vraisemblablement par Robert Tournières), Nicolas Bailleul (4191), Louis Boucherat (4314), Claude Le Pelletier (4316), Chamillard (3666) nous apparaissent en des portraits du temps.

Peu de tableaux, quelques bustes et bas-reliefs de magistrats. Ce sont Jacques Tubeuf, président de la cour des comptes pendant la minorité de Louis XIV, dont Philippe de Champagne traduit l'austérité violente en faisant trancher les chairs colorées sur le noir des vêtements (4192); Denis Talon, frère d'Omer Talon, président à mortier (3607); Pompone de Bellièvre, premier président au Parlement de Paris, dans la majesté de sa robe rouge (4257);

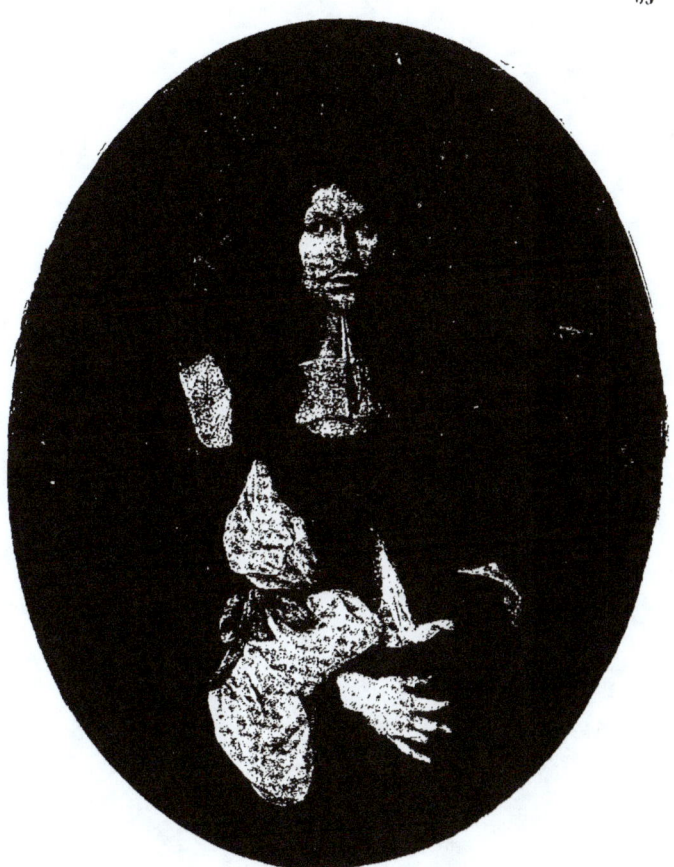

NICOLAS FOUQUET

par Sébastien Bourdon.

JACQUES TUBEUF

par Ph. de Champagne.

Gédéon Berbier du Metz, premier commis de Colbert, dont l'intéressant portrait fut le don de réception à l'Académie de Philippe Lallemant, en 1672 (4317) ; Daguesseau (4334) et Lamoignon (3525), peints, le premier par un élève de Rigaud, l'autre d'après l'original de Philippe de Champagne (la copie que possède Versailles était placée, aux dernières années du xviie siècle, dans une des salles de l'Académie royale de peinture). Mais il faut surtout noter à Versailles, comme portrait de Lamoignon, un buste en terre cuite, par Girardon (641 ; voyez aussi 841 et 2845). Le buste de Charles Briçonnet (2846) provient de l'église des Cordeliers de Paris, et a passé par le Musée des Monuments français ; celui de Jean Le Camus, lieutenant civil au Châtelet de Paris, par Simon Mazière (2854), est tout ce qui reste de l'important mausolée autrefois placé dans l'église des Blancs-Manteaux. Le bas-relief de plâtre, par Desjardins, qui représente la Justice tenant le médaillon d'Antoine d'Aubray (477), se voyait autrefois dans l'église de l'Oratoire ; enfin le bas-relief de marbre, de composition analogue, consacré à François d'Argouges, et provenant de l'église Saint-Paul (1898), n'est qu'une œuvre facile et secondaire de Coyzevox ; mais de Coyzevox rien n'est à dédaigner.

Parmi les personnages notables du clergé, plusieurs figurent dans la série dite des Académiciens, qui ne comprend que des œuvres du xviiie siècle : Bossuet (2923), Fénelon (2939), dont il y a également un portrait par Vivien (3658), Massillon (2967), Fléchier (2925), les cardinaux d'Estrées (2916), de Polignac (2950), de Rohan (2949). Les portraits anciens de Retz (3485), du P. La Chaise (4271),

n'ont pas grande valeur. Trois bustes célèbres de Coyzevox
existent en moulages à Versailles : ceux de Bossuet (2853),
de Maurice Le Tellier (2844) et du cardinal de Noailles (2856).

Ce sont des portraits modernes pour la plupart qui ont
été groupés sous Louis-Philippe dans la série des maréchaux du xviie siècle, et mieux vaut recourir aux estampes
du temps, si l'on veut bien connaître les traits de tant
d'hommes illustres. Il en va de même pour les grands
marins (Tourville seul, outre deux portraits insignifiants
du xviiie siècle, 1089 et 3609, a l'honneur d'une statue
de Houdon, 2858, et d'une peinture de Delacroix, 1045).
Parmi les portraits anciens méritant une rapide mention,
viennent les noms de Bussy-Rabutin (2919), de Caraman
(4332), de Catinat (3650), de Clérembault (3490), des
Coislin (2954 et 2914), du maréchal de Créquy (3528, par
Parrocel), de La Tour d'Auvergne (3674, peinture de l'atelier de Rigaud), de Gilles de la Roche (3529), de Lavardin
(4311), de Le Pelletier (4318), de Luxembourg (3571), des
Matignon (3670, 3650 ; ce dernier portrait, de Jacques Goyon
de Matignon, par Parrocel), du duc de Nevers (4312), de
Roquelaure (4308), de Nicolas Sainctot (3569), du duc de
Saint-Aignan (2918), du duc de Sully (3516), de Tallard
(4330), de Tilladet (4310), de Valbille (3530), de Vivonne
(1078, par Graincourt). Henri Chabot, duc de Rohan, gouverneur d'Anjou, dans un monument de marbre dû au
ciseau de François Anguier et provenant de l'église des
Célestins de Paris, est représenté au moment où il expire :
un génie éploré lui soutient la tête, un autre le recouvre
de son manteau ducal (1892). Les deux statues age-

TURENNE

par Charles Le Brun.

nouillées du duc et de la duchesse de Tresmes (1883,
1884) étaient primitivement dans la chapelle de Gesvres,
aux Célestins. Le buste de marbre du comte d'Harcourt
provient du Musée des Monuments français (1896). Le
marquis Colbert de Villacerf, surintendant des bâtiments du
Roi, nous est présenté par Mignard dans une toile d'aimable
austérité (3531). Un Nicolas Mesnager, ministre plénipoten-
tiaire au Congrès d'Utrecht (3669), compte parmi les bons
portraits de Rigaud ; de même un Vauban (3572), tout simple
et paisible dans son costume de chasse, le fusil à la main (un
autre portrait, 4244, provient de l'atelier de Rigaud). Il est
intéressant de comparer à cette peinture discrète le buste
signé de Coyzevox (1897), un marbre tout d'énergie et de
décision.

Restent trois chefs-d'œuvre du plus haut intérêt : d'abord
l'esquisse, d'après nature, par Le Brun, d'un portrait de
Turenne (3488), pour la tapisserie représentant l'Entrevue
de Louis XIV et de Philippe IV, une tête aux joues colorées,
à la bouche ardente, aux yeux étincelants, d'aspect inou-
bliable. Une peinture achevée, peut-être de Nanteuil (3489),
amollit un peu ces traits si violents, que vulgarise encore
une grande toile (3515), nous montrant le héros en costume
antique, suivi d'un nègre enturbané qui porte son casque.
Il faut mentionner, quoique plus récente, la statue en marbre
de Pajou (2836) et le plâtre (2047) d'un superbe buste de
Coyzevox exposé au Louvre. Le duc de Noailles (4306), en
cuirasse et manteau de fourrure, a été peint par Rigaud
comme il s'élance au combat ; le bleu clair de ses yeux
d'une vivacité merveilleuse illumine sous la perruque blonde
sa figure jeune et ardente. Mais Rigaud n'a jamais été plus

maître de sa composition et de son coloris que dans l'admirable portrait de Dangeau, daté de 1702 (3652). L'historiographe de Louis XIV, cette « espèce de personnage en détrempe », comme l'appelle son ennemi Saint-Simon, a pris l'allure et jusqu'à l'air de visage de son royal modèle : il est magnifique, et d'une ampleur prodigieuse, malgré la bêtise de ses petits yeux noirs, dans son costume de grand-maître de l'ordre de Saint-Lazare, manteau de velours amarante fleurdelisé doublé de satin vert, sous lequel tranche vivement le cordon bleu du Saint-Esprit. La main droite sur sa toque de velours, la gauche appuyée sur la hanche, la tête haute sous l'immense perruque noire, tout pénétré de sa gloire, « bouffi d'orgueil et de fadaises, » il s'impose à la postérité.

Deux toiles intéressantes nous montrent Dangeau en ses fonctions de grand-maître : dans la première, qui est d'Antoine Pezey (164), il prête serment devant le roi, dans l'ancienne chapelle du Château (qui devint depuis le salon d'Hercule) ; dans la seconde, qui est de Nicolas Bocquet (4345), il tient, dans l'église des Billettes, le chapitre des ordres de Notre-Dame du Mont-Carmel et de Saint-Lazare.

Pour la plupart, les portraits de savants et littérateurs du xviie siècle sont des œuvres du siècle suivant, copies banales et de peu d'intérêt, qui composent la collection dite de l'Académie française. C'est là seulement que l'on trouve réunis les premiers immortels, souvent fort oubliés, qui se nomment Abeille, Benserade, Bignon, Campistron, Chapelain, Cousin, d'Herbelot, La Chapelle, La Monnoye, Malézieu, Massieu, Pélisson, Charles Perrault, de Sacy, abbé

38

LE MARQUIS DE DANGEAU

par H. RIGAUD.

de Saint-Pierre, Santeul, Segrais, Tourreil, Valincòur. Des
portraits anciens ou de bonnes copies nous présentent
d'Andilly (3470, d'après Philippe de Champagne), Chevreau
(4279), Fleury (4338), Gobinet (4278, d'après Largillière),
Malebranche (4336), Nicole (2904), Quesnel (4337). De
Descartes, le Musée possède l'inscription funéraire ; le
grand philosophe est réuni à d'autres savants pour conver-
ser avec la fameuse Christine de Suède dans un curieux
tableau de Dumesnil (3464). Le buste du philosophe Silvain
de Régis (846) provient du Musée des Monuments français.
Le médaillon en marbre de Cureau de la Chambre est une
œuvre spirituelle et bien vivante de Tuby (1894). Nos plus
grands écrivains sont mal représentés à Versailles, si l'on
s'en tient aux originaux. De Molière on peut citer un portrait dans la manière de Detroy, qui a quelque importance
iconographique (5053) ; de La Fontaine, un portrait du
temps assez banal (4275) ; de La Bruyère, une mauvaise
composition de Vigée Lebrun (2940), et un petit cuivre peint
(4277) ; de Racine, deux figures, l'une de l'école de
Mignard (4274), l'autre du xviiie siècle (3580) ; de Pascal,
rien : un buste et une statue modernes. Seul, Boileau a été
peint par Rigaud, en 1706, dans tout l'éclat de sa verve sati-
rique (4276 ; le tableau de Versailles est une réplique d'atelier).

A côté de la précieuse série de portraits d'artistes rassem-
blés au Louvre, Versailles, pour le xviie siècle, fait encore
bonne figure. Le sculpteur Simon Guillain, peint par Noël
Coypel (3403), est assis devant le modèle de son monument
du Pont au Change. Sébastien Bourdon, après nous avoir
donné le portrait de son père Jean Bourdon (3402), s'est

peint lui-même en une belle figure où les chairs lumineuses
s'enveloppent d'ombres rembranesques (3465). Le peintre
et graveur Henri de Mauperché nous est présenté par
Philippe Vignon (3517, donné à l'Académie par Vignon
fils, pour sa réception, en 1687), comme un très honnête
homme, un peu borné, aux longs cheveux blancs, laidement
vêtu d'une riche houppelande brune à revers bleus, assis,
palette en main, devant un dessin de paysage. Le sculpteur
Louis Lerambert (3518), très habilement peint par Nicolas
Belle (pour sa réception à l'Académie, en 1703), tout épanoui
dans une causerie joyeuse, s'appuie sur une selle où est
posé le modèle en terre cuite d'une nymphe. Gaspard Marsy,
au contraire (3519), a l'air soucieux dans la peinture peu
raffinée, mais que l'on sent scrupuleuse, que Jacques Carrey
donna à l'Académie pour sa réception, en 1682. Il tient l'ébau-
choir et le maillet, et s'appuie sur une tête de marbre. Mais
il n'a pas la tenue de travail ; sa perruque est solennelle, et
il porte une belle veste de soie jaune doublée de lilas par-
dessus sa chemise à manches de dentelle. Une autre œuvre
très intéressante, donnée également à l'Académie, en 1682,
par Jacques Carrey, est le portrait du peintre Jean-Baptiste
de Champagne (3584), assis de face au spectateur, la
bouche mince, l'œil aigu, le porte-crayon dans la main droite
qui s'appuie sur une Bible, et dans l'autre main le dessin
d'un saint Étienne lapidé. Le portrait du graveur Charles
Edelinck, en perruque poudrée et manteau rouge, attribué
à Vivien (4375), est une œuvre d'apparat, comme celui du
peintre Charles de Lafosse (3582), exécuté par André Bouys
pour sa réception à l'Académie en 1687.

Une bonne et ancienne copie (3544) d'une toile de

39

MANSART

par DETROY.

Philippe de Champagne (au Louvre) réunit les architectes François Mansart et Claude Perrault, tels qu'on pouvait les voir, à Rome, l'an 1656, conversant gaiement, accoudés à un mur, devant la campagne fermée de collines bleues, près de temples antiques décorés de statues. Est-ce bien Claude Perrault, ne serait-ce pas Charles Perrault, dont Philippe Lallemant donna le portrait à l'Académie en 1672? La peinture est superbe (3577). Très élégant sous ses cheveux noirs bouclés, vêtu de soie damassée vert sombre, Perrault, debout devant son bureau, tient des gants d'une main qui s'appuie sur un buste de faune, de l'autre touche un livre et des plans. Une grande bibliothèque, à demi cachée par la retombée d'un rideau vert, forme le fond de ce décor austère et tout académique. Jules Hardouin Mansart, la figure pleine et de belle santé, assis dans un grand fauteuil, s'appuie sur une table, et regarde de face (3586). La peinture, d'enveloppe sourde et discrète, fait honneur à Detroy père, qui la donna à l'Académie, sur sa demande. D'autres effigies nous sont conservées du grand architecte de Versailles. Ce sont des moulages du buste de Coyzevox (1674) et du buste de Lemoyne (798), et, dans le Cabinet des chiens (2189), une copie assez molle d'une peinture de Rigaud. D'André Lenôtre, le dessinateur des jardins du Roi, un moulage du buste de Coyzevox (1675) et une peinture de Carlo Maratta (3545) nous racontent la magnificence; Maratta lui met son costume de cour, en soie noire et dentelles blanches, la croix du Saint-Esprit sur la poitrine. Un académicien inconnu, désigné autrefois comme Michel Corneille le fils, et dont le portrait était attribué à Tournières (3585), assis à un bureau, compulse des papiers.

Le grand Charles Le Brun n'a à Versailles qu'un moulage du buste de Coyzevox (1672), et une copie médiocre d'une peinture de Largillière (2187, Cabinet des chiens). Il semble bien qu'il faille donner le nom de Van der Meulen au beau portrait d'artiste, dans la manière de Largillière, classé jusqu'ici comme inconnu (4347). Jean-Baptiste Martin, le Martin des batailles, nous apparaît vêtu de noir et tenant une lettre à son nom dans une toile attribuée à Claude Lefebvre (4344). André Bouys, dont nous venons de voir le portrait de Lafosse, s'est peint lui-même par deux fois, d'abord seul, un crayon en main et s'accoudant à un bas-relief (3709), puis avec sa femme (3708), en une petite toile assez médiocre, donnée à l'Académie en 1777 par son neveu le sculpteur Caffieri. Le portrait de Sébastien Leclerc (3587) est une œuvre sans intérêt du xviiie siècle. Mignard, dont un plâtre reproduit le buste par Coyzevox (1673), nous est présenté, dans un des chefs-d'œuvre de Rigaud (3578), siégeant, tout vêtu de noir, en un fauteuil de velours rouge et de bois doré, se détachant sur un fond d'architecture que coupe un grand rideau vert. L'air froid et pincé, les yeux gris luisant sous la vaste perruque grise, il tient précieusement un crayon de la main droite, et feuillette de la gauche un carton de dessins posé sur ses genoux. Enfin c'est lui-même que Rigaud nous présente, tête nue et travaillant, le cordon de l'ordre de Saint-Michel en travers de la poitrine, un manteau rouge drapé sur les épaules (3680). Il est debout près d'un chevalet, le crayon et la palette en mains. Devant lui, un mur bas, qui forme balustrade, supporte le flacon d'huile, le linge et le couteau à palette.

Parmi les sculpteurs du grand siècle, nous avons déjà rencontré Lerambert et Marsy. Warin nous apparaît énergique, un peu bouffi, dans une toile du temps (4199). Jacques Sarrazin, tout en noir, s'appuie sur un livre (4198) ; consciencieuse peinture, donnée à l'Académie par Jean Lemaire pour sa réception en 1657. Le Martin Desjardins, de Rigaud (3583), se présente avec une superbe assurance, la figure pleine et forte, l'œil tranquille, drapé dans un large manteau bleu qui laisse voir son col de dentelles, la main droite appuyée sur une tête colossale en bronze doré, la droite sur la hanche, tenant un papier avec un devis. Dans le fond, se détachant sur le ciel crépusculaire, on distingue le monument de la place des Victoires. Jacques Desjardins, fils du sculpteur, contrôleur de Marly, a été peint dans l'atelier de Rigaud (3684). De Rigaud sont encore les deux portraits des frères Keller, Jean-Balthazar et Jean-Jacques, les célèbres fondeurs qui ont signé les bronzes du Parterre d'eau, à Versailles (3640, 3641). Vêtus de noir l'un et l'autre, ils ont près d'eux le modèle d'une statue équestre de Louis XIV. Et c'est à Rigaud que l'on attribuera volontiers aussi le portrait d'un sculpteur inconnu, dans la fleur de sa jeunesse élégante, coiffé d'une ample perruque blonde, magnifiquement drapé d'un manteau brun, et appuyant la main sur un buste antique (3636).

Une mauvaise copie (796) reproduit en marbre le splendide buste de Coyzevox par lui-même, que l'on voit au Louvre ; mais Gilles Allou, comme peinture de réception à l'Académie, en 1711, nous a laissé un Coyzevox intime, dans toute la familiarité de l'atelier, qui est délicieux (3579). L'excellent sculpteur, vieilli, riant sous la grosse perruque grise, bavarde sans façon, la poitrine à l'air dans sa chemise

dénouée et sa veste grise ; il a le ciseau en main, et s'appuie
à une table où se dresse le modèle en bronze doré d'une des
Renommées de Marly. Son neveu, son élève aussi, Nicolas
Coustou, rayonne de vie et d'esprit dans un buste de
Guillaume Coustou (644).

Cette belle série des artistes serait incomplète sans les
musiciens. Un buste en plâtre, pris sur le monument .élevé
par Cotton dans l'église des Petits-Pères, à Paris, nous
donne les traits de Lulli (232) ; et nous reconnaissons
François Couperin, organiste de la chapelle du Roi, dans
un intéressant tableau (4280) où Claude Lefebvre a fait
asseoir sa propre fille, gracieuse brune aux cheveux noirs,
qui chante, accompagnée sur l'orgue par son maître.

Au premier rang des souverains étrangers en relations
avec le Roi de France figurent les papes. Innocent X et .
Alexandre VII sont représentés par des portraits anciens,
ayant fait partie de la collection de la Sorbonne (3491,
4249). Les empereurs d'Allemagne Léopold Ier et Charles VI
(3593, 3653), l'impératrice Élisabeth-Christine (3654), l'archiduc d'Autriche Léopold-Guillaume, gouverneur des
Pays-Bas (3462), Charles II, roi d'Angleterre, et Catherine
de Portugal, sa femme (3589, 3590), Olivier Cromwell
(3446), puis Jacques II et Marie-Béatrix-Éléonore d'Este
(3558, 3616 et 3617), enfin Guillaume III et Marie d'Angleterre (3559), ont à Versailles des portraits du temps.
Jacques, duc de Monmouth, fils naturel de Charles II, tête
nue, en cuirasse, ayant devant lui son casque et ses gante-
lets, se présente fièrement dans une belle toile flamande
(4284) ; Gaspard Netscher le peint aussi à cheval,

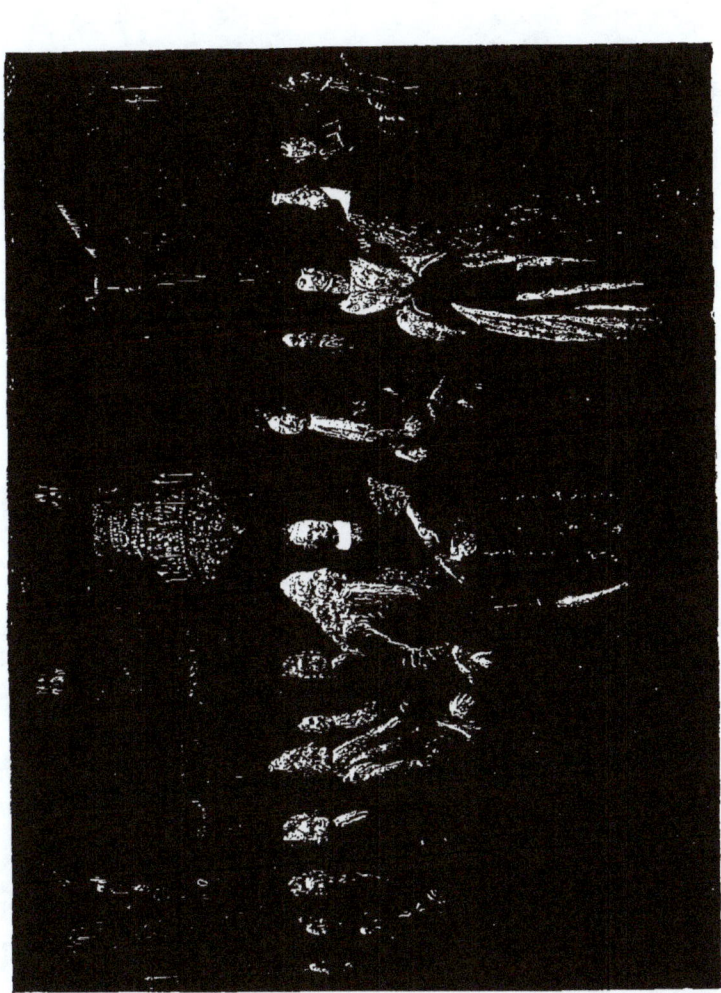

40

LOUIS XIV REÇOIT A FONTAINEBLEAU LE PRINCE ÉLECTORAL DE SAXE,

27 SEPTEMBRE 1714

par LOUIS DE SILVESTRE.

menant une charge de cavalerie (4285). Jacques Stuart, fils
de Jacques II, que Louis XIV tenta de rétablir sur le trône
d'Angleterre, figure dans une toile de Nicolas Belle (4376).
Un très beau duc de Marlborough (3657), une toute gracieuse
duchesse de Lancastre, par Peter Lely (4286), complètent cet
abrégé d'iconographie anglaise. Charles II, roi d'Espagne
(3591), sa première femme, Marie-Louise d'Orléans (3592 et
3548), et sa seconde femme, Marie-Anne de Neubourg (3642,
peinte à Bayonne par Robert Gence, le 27 août 1713, comme
le mentionne une note du tableau), l'archiduc Don Juan
d'Autriche (3492), nous conduisent à la dynastie française, au
duc d'Anjou, devenu Philippe V d'Espagne, qu'une réplique
d'un portrait de Rigaud conservé au Louvre (2103, salon de
la Reine) représente vêtu de noir, la main posée sur sa
couronne. Des peintures exécutées à l'époque de Louis XV il
sera parlé plus loin. Jean Sobieski, roi de Pologne (3549,
3550, 4292), l'électeur de Saxe Frédéric-Auguste Ier (4383)
ont des portraits d'importance secondaire. Mais une très
curieuse toile de Louis de Silvestre (4344) nous fait voir
Louis XIV recevant à Fontainebleau, le 27 septembre 1714,
l'électeur de Saxe Frédéric-Auguste II, âgé de dix-huit ans,
qui voyageait alors sous le nom de comte de Lusace. La princesse Palatine et la duchesse de Berry assistent à la présentation, qui se fait en cérémonie dans la chambre du Roi.

Il suffira d'énumérer les portraits anciens de Marie-
Françoise-Élisabeth de Savoie, reine de Portugal (3595), de
Sophie Alexiewna, co-régente de Russie (3633), de Charlotte de Hesse-Cassel, électrice de Bavière (3456), d'Édouard
et de Philippe de Bavière, comtes palatins du Rhin (3458,
3459), de Léopold-Guillaume, archiduc d'Autriche, gouver-

neur des Pays-Bas (3462), de Frédéric III, roi de Danemark, et de Norvège (3495), et de sa fille Wilhelmine-Ernestine, duchesse de Bavière (3596), de Louise-Henriette de Nassau, électrice de Brandebourg (4256, par Kipshavo en 1663), de Ferdinand IV, roi de Bohème (4252), des ducs de Lorraine Charles IV (4255) et Léopold Ier (3689, 4356), de la duchesse de Lorraine Élisabeth-Charlotte d'Orléans (4358). Eugène-François de Savoie, le prince Eugène, par Kupetzki (3655), Montecuculli (3437, 4253), Corneille de Witt (3493), un échevin d'Anvers, François-Paulin de Brouchoven (3494, par François Denys en 1652), enfin des artistes, Adrian Van der Werff, qui s'est peint lui-même, pompeux, blafard et insignifiant (3691), et Michel Van Musscher, qui s'est représenté, avec sa femme et ses enfants, en partie champêtre, assis au pied d'un arbre (4281), s'ajoutent à cette série nombreuse et inégale. Deux tableaux de Jacques Carrey (nouv. acq.), des documents plutôt que des œuvres d'art, nous montrent un coin du monde oriental à l'époque de Louis XIV, l'ambassade du marquis de Nointel à Constantinople, et sa réception par le Grand Seigneur et le Grand Vizir.

RÈGNE DE LOUIS XV

L'iconographie de Louis XV est à peu près complète à Versailles ; tout au moins y peut-on suivre, à l'aide de documents bien échelonnés, les transformations de sa physionomie. Le Roi s'est fait souvent sculpter et peindre, au cours de ce long règne de cinquante années, et les répétitions ou copies de ces portraits se sont multipliées

41

LOUIS XV ENFANT

par Coyzevox.

pour les nombreuses occasions familiales, gouvernementales ou diplomatiques qui nécessitaient à chaque instant le don d'un portrait royal. En veut-on la preuve? De 1716 à 1721, l'administration des Bâtiments du Roi a distribué vingt-quatre exemplaires du portrait de Louis XV enfant, par Rigaud, dont l'original, signé et daté de 1715, est à Versailles (3695). L'enfant royal, assis, les pieds sur un coussin fleurdelisé, le collier du Saint-Esprit sur les épaules, les plis du grand manteau d'hermine tombant autour du trône, tient le sceptre de la main droite et fait de la gauche un geste de commandement. L'enfant a « ce joli teint, cette charmante petite bouche, ces petites joues rouges » dont parle la Palatine. La grâce de son âge et la majesté du pouvoir s'unissent en cette image, qui est un des chefs-d'œuvre du peintre. De moins noble allure est un autre portrait officiel, bien moins connu, du roi enfant, celui de Jean Ranc (4386); la tonalité générale en est claire, et le trône y est visible, avec sa tenture de soie bleue et tous les détails d'une fine sculpture dorée.

Une autre image enfantine de Louis XV est donnée par le petit marbre de Coyzevox, buste élégant en armure romaine (2171). Traité dans un tout autre sentiment, mais fort digne d'être rapproché du précédent, est le beau buste encore anonyme conservé à la Villa Médicis et dont Versailles possède un moulage. Ce dernier est contemporain d'un singulier tableau (4388), qui représente le Roi âgé d'environ douze ans, en costume à larges broderies d'or, peintes avec des empâtements qui donnent un aspect de cuir de Cordoue, devant un portrait ovale encadré d'or que regarde un amour tenant une palette; le portrait est celui de la petite

Infante, fiancée à Louis XV, qui fut renvoyée en Espagne
en 1725. Il est permis de penser qu'on est en présence
du tableau peint par Belle en 1724. Du portrait de Jean-
Baptiste Vanloo, Versailles et Trianon exposent quatre
exemplaires assez différents. Dans l'un, Louis XV est debout,
cuirassé, en costume de cheval, devant une table sur
laquelle sont posés le manteau royal, un casque lauré, la
couronne et la main de justice; il a le cordon du Saint-
Esprit et tient de la main droite un bâton de commandement. Une esquisse ou copie réduite de ce portrait (3722)
est identique à l'exemplaire de Trianon, qui est celui qu'a
gravé Larmessin, assez différent pour les arrangements et
les accessoires du portrait 2175. Le portrait en buste 3724
offre une variante de costume, le manteau royal posé sur
la cuirasse. Le visage, partout le même, exprime bien la
grâce fière et charmante du jeune roi, vers l'époque de son
mariage, qui est de 1725.

Il semble un peu plus âgé dans un tableau de Charles
Parrocel, à cheval, tête nue, avec une écharpe blanche
(3749); la commande date de 1723, mais Parrocel ne voulut pas se charger de la figure, qui fut faite par J.-B. Vanloo; or, la tête du tableau de Versailles donnant des traits
plus âgés que ceux des toiles de Vanloo, il est possible
que cet exemplaire ait été modifié suivant l'âge du Roi par
un copiste officiel, comme les gravures le font d'ailleurs
supposer. Le plus beau portrait de Louis XV vers vingt
ans est le Rigaud daté de 1730 (3730); il y est debout,
vêtu du même manteau que dans le portrait de 1715, le
long sceptre dans la main gauche et la droite posée sur une
couronne. Les traits sont à étudier ici en détail; l'œil

42

LOUIS XV

par HYACINTHE RIGAUD.

notamment, qui désormais disparaîtra de plus en plus sous la paupière, reste proéminent et vif. Aucun portrait ne révèle mieux la séduction qu'exerçait la beauté du Roi, pas même la triomphale figure peinte en 1729, par Fr. Lemoine dans son allégorie de la Paix donnée à l'Europe, placée au-dessus de la cheminée du Salon de la Paix. On en retrouve quelque chose dans une toile attribuable à Carle Van-loo, où le Roi est au milieu d'un camp, prêt à monter un cheval qu'on lui amène sur la droite (4389), composition qui doit être voisine de 1745, année de la campagne de Fontenoy. Il faut dater de 1750 le portrait plus connu de Carle Vanloo, en armure, la main appuyée sur un casque de forme ancienne posé sur une table (3751). Vers le même temps se placent des sculptures : la réduction en terre cuite d'une des statues de Louis XV en empereur romain (2208), faisant connaître celle qui fut commandée à Pigalle pour Bellevue ; et un modèle en bronze de la statue équestre de Bouchardon (2177), qui a repris, sur son élégant piédestal orné de bas-reliefs, la place qu'il occupait jadis dans les Cabinets du Roi.

Le portrait de 1760, par Louis-Michel Vanloo, est le tableau officiel le plus souvent reproduit ; il donne le costume du sacre, dont tous les accessoires conservés à Saint-Denis ont été remis au peintre, suivant l'usage pour ce genre de portraits. Louis XV est debout sur les marches inférieures du trône, le sceptre dans la main gauche et tenant de la droite son chapeau à plumes ; sous le manteau royal s'aperçoit le blanc costume des chevaliers de l'Ordre. Ce portrait existe à Trianon et deux fois à Versailles, le premier en copie de Frédou (3753), le second en tapisserie des Gobelins, morceau d'une conservation de coloris merveilleuse, exposé en ce moment dans les nouvelles salles du rez-de-chaussée, et qui porte, tissée dans la trame, l'inscription : *Michel Vanloo pinxit 1760, Cozette texuit 1771*. La *Gazette de France* raconte que cette tapisserie fut présentée au Roi en septembre 1773 ; Cozette, qui en a dirigé l'exécution, a peint lui-même et daté de 1763 un grand carton représentant Louis XV à cheval (3752). Le buste de Gois, sculpté en 1770 et où les ravages de l'âge sont assez visibles (2129), nous conduit au dernier portrait de Louis XV, signé : *Drouais, aoust 1773* (4438). Le Roi, en buste, est en habit rouge brodé, le tricorne sous le bras et portant les Ordres ; ses soixante-trois ans sont bien dissimulés, comme il sied pour un souverain qui n'a pas voulu vieillir ; l'œil est fin et timide, la bouche mince et sans volonté ; le portrait compte parmi ceux qui révèlent le mieux le caractère du modèle.

Il y a moins de portraits de Marie Leczinska, mais une suite fort suffisante pour l'étude de la physionomie d'une aimable reine trop oubliée. Une seule sculpture vaut d'être mentionnée, le buste de G. Coustou, reproduisant la statue du Louvre (2120). La plus ancienne peinture date visiblement de l'époque du mariage et doit être de Gobert (4439) : la Reine marche dans un jardin, en robe d'hermine, le manteau soutenu par un page vêtu à la polonaise ; elle tient une branche de lis ; un petit chien devant elle porte au collier ces mots : « Je suis à la Reine ». La disposition de ce portrait rappelle très librement celui de la duchesse de Bourgogne par Santerre, qu'un autre ouvrage

43

LOUIS XV

par Carle Vanloo.

de Gobert imite assez servilement (3754, réplique à Trianon) ; Marie Leczinska ayant eu un goût personnel des
choses d'art (un tableau signé d'elle, d'après Oudry, existe
à Trianon) il est probable qu'elle a exigé elle-même cette
transposition. Après ces tableaux se place celui de Belle
(3756) : le Dauphin, tel que l'a gravé Daullé, en bonnet
ruché sur l'oreille et portant le cordon du Saint-Esprit, est
sur les genoux de sa mère, qui a donc environ vingt-sept
ans. Négligeons les copies anciennes de Tocqué et de La
Tour (3755, 4390, 4441), dont il faut étudier les originaux
au Louvre. Marie Leczinska avait choisi Nattier pour lui
confier le soin de son portrait le plus important. L'artiste
l'a exposé au Salon de 1748 ; Marie Leczinska est assise,
vêtue d'une robe rouge garnie de fourrure, une « marmotte »
de dentelle noire, selon son usage, posée sur un bonnet
de dentelles blanches, celles des manches et du corsage ; le bras gauche est appuyé sur une console où sont
la couronne, le manteau royal et le livre des évangiles. La
gravure célèbre de Tardieu ne donne que le livre et change
la disposition des tentures et du fond. Un portrait ovale,
placé à Trianon, répète, à peu de chose près, le buste du
portrait de Versailles, qui a été librement copié sur verre
par Jouffroy en 1760 (nouv. acq.). Bien que le tableau de la
chambre de la Reine (2096) ne soit pas signé, c'est certainement une des répliques originales dont l'existence est attes-
tée et qui étaient « expressément recommandées par la
Reine au sieur Nattier pour être faites par lui-même. »

Le Dauphin, fils de Louis XV, qui mourut âgé de trente-
six ans en 1765, a été peint souvent depuis l'époque où
Belle le représentait sur les genoux de sa mère (3756) ou

assis sur un coussin fleurdelisé (192). Enfant, on le trouve
dans le joli Tocqué du Louvre, dont Versailles a une copie
ancienne (3789). A dix-huit ans, Nattier fut chargé de l'im-
mortaliser en héros de Fontenoy, vêtu d'une armure, dans
un tableau qui semble perdu ; une médiocre toile (3790) qui
le représente au même âge paraît avoir, du moins, le mérite
d'indiquer certains détails de cette composition. La tête est
très voisine de celle d'un grand portrait de Natoire (3791), qui
l'a lui-même empruntée à un pastel de La Tour. Ce Natoire,
signé et daté de 1747, est de l'année du second mariage du
Dauphin, que rappellent les amours jouant avec un casque
et un bouclier, sur le premier plan à droite ; le prince, en
habit rouge et portant les Ordres, appuie son bâton de commandement sur une table, où sont une sphère et le plan de
Tournai en 1745. La série de portraits postérieurs achève
de fournir un exemple de la façon assez compliquée dont se
combinaient les tableaux de maîtres divers entre les mains
des copistes du Cabinet du Roi, grande fabrique des portraits officiels. Un portrait exposé au Grand Trianon reproduit celui de Natoire, moins les amours. Un autre, à Versailles
(3792), le donne dans les mêmes conditions, mais avec les
traits amaigris et maladifs d'une vieillesse prématurée ;
c'est, croyons-nous, celui dont Frédou reçut la commande
en 1778 et qui provient de Natoire pour la disposition, et
de Roslin pour la tête. Les traits sont en effet les mêmes que
ceux des portraits exécutés en 1765 par le peintre suédois.
Versailles possède aussi ces œuvres ; l'une qui représente le
prince sous le casque et l'uniforme de colonel du régiment
Dauphin-Dragons, l'autre qui est un délicat pastel en buste
(nouv. acq.). Ces portraits sont contemporains du buste de

44

LA REINE MARIE LECZINSKA

par NATTIER.

marbre placé dans la Salle des gardes de la Reine (2121). Le
grand portrait de Nivelon a été fait en 1764, au moment où
la maladie avait moins ravagé les traits du modèle (3794);
quoique d'une peinture sèche et d'un pauvre arrangement, il
rend du moins la physionomie véritablement bonne du père
de Louis XVI, qu'un portrait posthume, commandé par sa
veuve, honorera de l'auréole des saints.

Auprès du portrait du Dauphin par Natoire, et précisé-
ment dans la chambre à coucher décorée pour lui, en 1747,
ont été placés les portraits à peu près contemporains des
deux dauphines. L'un est un somptueux Tocqué, daté et
signé de 1748, grand portrait en pied et en manteau fleurdelisé, de Marie-Thérèse, infante d'Espagne, qui ne vécut à
Versailles qu'un an et demi; comme il est postérieur de
deux ans à la mort de la princesse, c'est à un pastel de La Tour
que Tocqué emprunta ses traits (3795). L'autre dauphine,
Marie-Josèphe de Saxe, a été peinte à Fontainebleau par
Nattier en 1750; la date de 1751, qui accompagne la signature est celle de l'exposition au Salon; la princesse est vue
jusqu'aux genoux, dans le parc royal, en robe de cour brodée
d'or, un éventail à la main (2179). De moins précieux portraits d'elle existent aussi au Musée; celui de Nivelon, daté
de 1764, fait pendant au portrait du Dauphin, de même date;
un autre, également en pied, et assise, avec une robe garnie
de fourrure, a été attribué jusqu'à présent à Nattier et paraît
être de Drouais. Ces divers documents sont à rapprocher des
pastels en buste de La Tour, qui sont à Dresde et au Louvre,
et de celui du musée de Saint-Quentin, où l'aimable
dauphine est avec son fils le duc de Bourgogne. Le pastelliste
s'est plu à marquer le caractère de la princesse devenue

française d'esprit et de goûts, de la musicienne et de la liseuse,
alors que Nattier avait rendu surtout la grâce ingénue de la
jeune allemande récemment arrivée à Versailles.

Le fils aîné de Marie-Josèphe, pour qui on avait repris le
titre de duc de Bourgogne, a été peint aussi par Nattier en
1754 (3887). Frédou l'a dessiné plus tard, en 1760, sur son
lit de maladie, trois mois avant sa mort et en présence de
la famille royale, comme l'indique une curieuse inscription
mise au revers (4398). Ce n'est plus alors l'enfant florissant
des premières années ; ses traits même semblent transfor-
més. Dans son premier portrait, où il a quatre ans, il est
debout, portant une robe bleue garnie de martre et les
ordres du Saint-Esprit et de la Toison d'or, un petit bonnet
tricolore sur les cheveux. Cette image enfantine n'est sur-
passée en éclat que par le portrait de la fille de Madame
Infante, peint par Nattier en 1749, au moment où elle vint
en France avec sa mère (4465). La princesse a ici neuf ans
environ et se tient droite et sérieuse dans sa robe de brocart
à paniers. Le tableau avait été évidemment commandé par
le Roi pour conserver un souvenir de sa petite-fille, qui
devait demeurer désormais éloignée de lui et qui mourut
impératrice d'Allemagne et femme de Joseph II.

Jean-Marc Nattier a été du reste, pendant vingt ans, le
peintre favori de la maison de France. Comme il a peint, et
souvent plusieurs fois, chacun des membres de la famille
royale, il intéresse plus que tout autre artiste de son temps
l'histoire de la Cour de Versailles. Il tient donc, à juste titre,
une grande place dans le musée, qui conserve, en originaux
ou en répliques originales, la série à peu près complète de

45

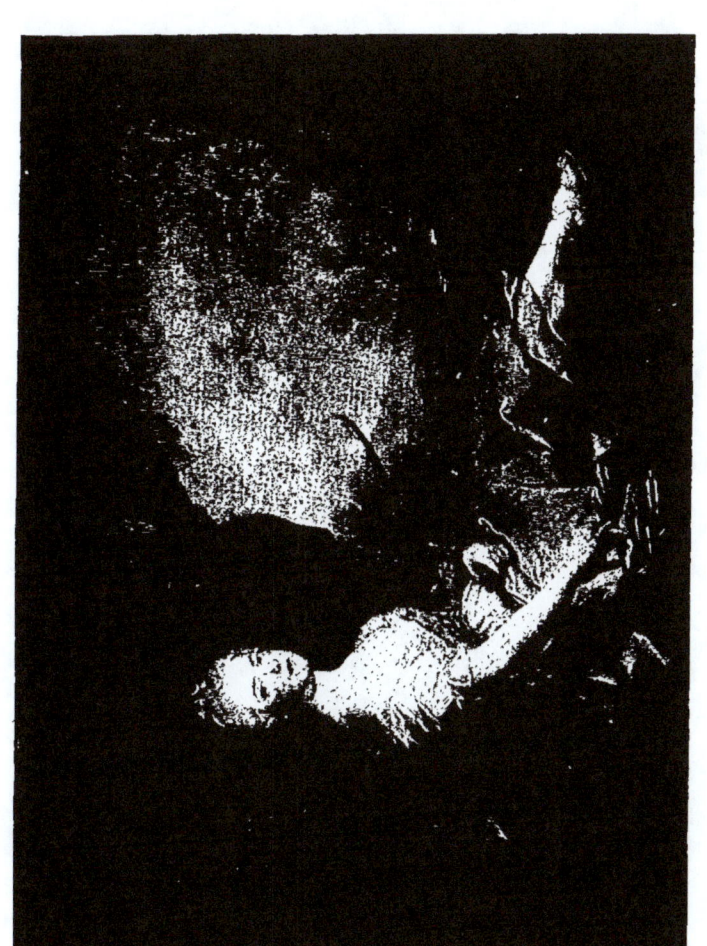

MADAME ADÉLAIDE DE FRANCE

par NATTIER.

ces portraits. A côté de ceux qu'on a vus déjà, se place l'importante suite relative à Mesdames, filles de Louis XV. Jusqu'à présent leurs portraits étaient confondus entre eux. et avec ceux d'autres princesses ; la confusion établie dans les catalogues vient à peine de disparaître devant un classement plus exact.

Mesdames se trouvent singulièrement servies auprès de la postérité par le choix d'un artiste aussi ingénieux. Il les a peintes à tous les âges, sous tous les costumes et dans toutes les attitudes, éludant la laideur des unes, sans trop sacrifier de l'exactitude, mettant en valeur le charme des autres, « avec son talent particulier, » reconnu par les critiques de son temps, « pour ajouter des grâces à la ressemblance. » Les premiers portraits exécutés par Nattier pour la famille royale furent deux tableaux mythologiques en longueur, qu'il a répétés plusieurs fois, Madame Henriette en Flore et Madame Adélaïde en Diane. La première est une jeune fille de quinze ans étendue au bord d'un ruisseau et tressant une couronne de fleurs ; la figure couchée, en robe blanche qu'entoure une écharpe bleue, les épaules et les bras nus, est enveloppée d'une caresse printanière ; on comprend que l'œuvre, datée de 1742 et commandée pour la Reine, ait commencé à la Cour la fortune du peintre (3818). Le portrait de Madame Adélaïde, fait en 1745 comme pendant (3805), la représente assise sur un rocher, tenant un arc de la main gauche et prenant de l'autre une flèche dans un carquois ; elle est ceinte d'une peau de bête et porte dans les cheveux le léger croissant qui indique sa divinité.

Louis XV fit faire ensuite à Nattier le portrait de ses trois filles plus jeunes, élevées à l'abbaye de Fontevrault. Ces

beaux portraits, signés et datés de 1748, se retrouvent à
Versailles : ce sont Madame Victoire en écharpe jaune
(3819), Madame Sophie soulevant son voile (4458), Madame
Louise tenant des fleurs (4428). Ces portraits ont une histoire. Le Roi les avait commandés pour faire une surprise à
la Reine ; on cacha à Marie Leczinska le voyage de l'artiste
à Fontevrault et lorsqu'elle reçut les tableaux, ce fut une
double joie pour cette mère loin de laquelle ses enfants
avaient grandi. Elle en écrivit à la duchesse de Luynes :
« Les aînées sont belles réellement, mais je n'ai jamais rien
vu de si agréable que la petite ; elle a la physionomie atten-
drissante..., touchante, douce et spirituelle. » Ce sentiment
maternellement exprimé rend fort bien le charme pénétrant
du portrait de Madame Louise enfant.

Mesdames Sophie et Louise, connues sous le nom de
« Mesdames Cadettes, » et qui étaient laides, n'ont pas été
peintes une seconde fois par Nattier ; on a seulement copié
et répété avec des variantes ces portraits de première jeunesse. Madame Victoire, au contraire, dont le beau teint de
brune et les grands yeux se retrouvent avec toute leur séduction dans ce premier portrait, a posé de nouveau devant
Nattier après qu'elle fût revenue de Fontevrault, notamment pour la suite des « Quatre éléments », qui n'est
aujourd'hui connue que par des gravures et où le peintre
avait représenté, en dessus-de-porte du cabinet du Dauphin,
ses quatre sœurs aînées. Un autre portrait, qui ne saurait
être de Nattier et où Madame Victoire est en Hébé, avec
l'aigle, l'aiguière et la coupe (3817), reproduit la tête du
portrait de Fontevrault. Nous savons, pour expliquer ce
fait, que notre artiste avait peint, en 1747 et 1748, les

46

MADAME LOUISE DE FRANCE

par Nattier.

47

MADAME ELISABETH DE FRANCE (MADAME INFANTE)

DUCHESSE DE PARME

par NATTIER.

têtes des diverses personnes de la famille royale, et que ces têtes servirent dans la suite à ses compositions nouvelles ou aux copies officielles du Cabinet du Roi. En 1749, il avait pu y ajouter celle de l'aînée des filles de Louis XV, Madame Élisabeth, mariée en 1739 à l'infant don Philippe, et venue à Versailles en allant prendre possession de son duché de Parme. Nattier peignit cette princesse plusieurs fois. Pour s'en tenir aux tableaux qui restent à Versailles, on l'y trouve en habit de chasse, un chapeau sur la tête, ses gants à la main, assise auprès d'un arbre (3875); c'est le portrait exposé au Salon de 1761, où Diderot le jugea « détestable. ». Nous sommes aujourd'hui d'un avis différent; le morceau, savoureusement peint, est un de ceux où Nattier a été le plus près de la nature et de la vie. Il date du second séjour de Madame Infante à Versailles, où elle mourut en 1759. Une prétendue duchesse de Maine (3741) paraît une réplique d'un portrait de notre princesse par Nattier. Après sa mort, on lui commanda un portrait d'apparat, où il n'eut qu'à reproduire sa tête d'étude sur un corps de robe brochée d'or et un manteau fleurdelisé. Ce grand portrait (3806) montre Madame Infante assise dans un palais, devant une console rocaille où est posée une couronne de princesse régnante. La fille de Nattier, Mme Tocqué, dit que « ce fut son dernier ouvrage, étant tombé malade peu de temps après l'avoir achevé ». Nattier ayant cessé de peindre en juillet 1762, nous avons ici à la fois le point extrême de sa carrière à la Cour et le dernier ouvrage sorti de ses mains.

Madame Henriette, qui était la jumelle cadette de Madame Infante, jouait à Versailles le rôle d'aînée, que prit à sa mort, en 1752, Madame Adélaïde. On a la suite complète de ses portraits, depuis les tableaux enfantins qu'il faut attribuer à Gobert (4395, 4396) et le dessus-de-porte allégorique de De Troy, dans la chambre de la Reine, où sont les plus anciennes représentations des petites Mesdames. Après l'avoir peinte en Flore, comme on l'a vu, en 1742, et sous la figure du Feu dans les « Éléments », en 1750, Nattier la vêtit en vestale (le Nattier de la galerie Lacaze n'est autre chose qu'un portrait de Madame Henriette), puis en musicienne, jouant de la basse de viole. Dans ce beau portrait en pied (3800), la princesse est en robe rouge, assise devant un clavecin, que recouvre à demi une grande draperie verte disposée comme celle du portrait de Marie Leczinska ; elle a les épaules nues, la tête légèrement inclinée du côté où elle tient l'archet ; le violoncelle semble appuyé sur son pied gauche. La grande unité de cette composition et son chaud coloris en font un des chefs-d'œuvre de Nattier, qui écrivait lui-même : « C'est un de mes meilleurs ouvrages. » Il avait été peint après la mort de Madame Henriette et porte à la signature la date de 1754. Ce fait ne lui enlève aucun intérêt ; la correspondance de Nattier prouve que la tête seule de ses portraits de princesses était étudiée d'après nature ; les habillements, dentelles et accessoires, lui étaient envoyés de Versailles, et il semble bien que les mains non plus n'étaient pas posées.

Pour faire pendant à Madame Henriette, Nattier avait reçu la commande qu'il exécuta en 1758, d'un grand portrait de Madame Adélaïde chantant. Nous n'avons pas l'exemplaire original qu'il a dû signer : mais les deux bonnes répliques, de valeur à peu près égale, que possèdent

MADAME HENRIETTE DE FRANCE

par NATTIER.

le Louvre et Versailles (4456), peuvent en tenir lieu. La troisième fille de Louis XV est assise, en grande robe bleue, tenant un livre de musique ouvert devant elle. La tête est identique à celle d'un portrait non moins connu, qui la représente jusqu'aux genoux (3801, *Nattier pinxit 1756*), occupée à un petit ouvrage de salon, qui comporte le jeu d'un fil d'or autour d'une navette et semble être le travail du « parfilage » à la mode au xviii° siècle. Nulle part Nattier n'a porté plus de soin aux étoffes, qu'il rendait si bien, qu'en cette « robe de cour cramoisie, glacée de blanc et brodée d'étoiles », suivant les expressions du temps.

Drouais avait succédé à Nattier comme portraitiste attitré de la famille royale, et plusieurs portraits de Mesdames sont certainement de lui. Il en a groupé trois assises sur des nuages dans une composition mythologique qui est au moins antérieure à 1769, date de l'entrée de Madame Louise aux carmélites, et dont nous avons une copie ancienne (4459); Madame Victoire, entre Madame Louise tenant une lyre et une couronne de lauriers et Madame Sophie s'appuyant sur son épaule, déroule un papier de musique. Les deux dernières ont chacune un portrait en pied, qui les montre assises, vêtues de robes garnies de fourrures, et où s'affirme dans l'exécution l'imitation de Nattier (3809, 3813). Le buste de Madame Sophie en ce portrait existe à part dans une petite toile de Drouais qui est bien un original et où la princesse, vêtue d'une robe « de satin cramoisi, rayé et broché de fleurs chenillées », tient un papier de musique (3810).

Les autres portraits de Mesdames, provenant d'originaux de Drouais, de Ducreux, etc., ne sont pas à mentionner ici. Mais il faut noter, avant de quitter ces princesses, les tableaux d'Heinsius, datés des dernières années du règne de Louis XVI (3957, 3959, 3804), et surtout les grandes toiles de Mme Guiard. Les portraits qu'a faits celle-ci de Madame Adélaïde en 1787 et de Madame Victoire en 1788 (3958, 3960) comptent parmi ses meilleurs. Le second n'a pour accessoires qu'une statue de l'Amitié et un vase où croissent ensemble deux lis, symbolisant les deux sœurs survivantes; la première toile, au contraire, renferme une série d'allégories aux événements du règne de Louis XV assez ingénieusement inventées et disposées, avec une véritable entente du décor, autour de la princesse debout dans sa robe de velours. Ce sont là des images de femmes âgées, où on ne retrouve rien du charme des modèles de Nattier, mais où se montre en revanche une science plus profonde du portrait. Le succès de ces œuvres valut à Mme Guiard la commande d'un portrait commémoratif de Madame Infante, morte depuis vingt-neuf ans; elle l'exposa en 1789; ce n'est qu'un élégant anachronisme de toilette Louis XVI, intéressant aussi par l'éclairage du visage (3876). On n'y peut sentir cette étude consciencieuse du modèle que Mme Labille-Guiard poussait si loin et qui devrait assurer à ses portraits plus de valeur qu'à ceux de sa contemporaine, Mme Vigée-Lebrun.

L'étude des autres portraits de la maison de France nous ramène au commencement du règne, avec le Régent, Philippe d'Orléans. Il venait à peine d'être appelé, par la mort de Louis XIV, au gouvernement du royaume, quand J.-L. Lemoyne fit de lui le buste noble et vivant que nous

MADAME ADÉLAIDE DE FRANCE

par Nattier,

MADAME SOPHIE DE FRANCE

par Drouais.

possédons (1901) et dont l'inscription mentionne, avec la date de 1715, son âge de quarante-un ans. Ce buste est donc contemporain du portrait de Rigaud, dont nous n'avons que des copies. On y retrouve, alourdis et engraissés, les traits d'images anonymes du duc d'Orléans dans sa jeunesse (4300, 4301, 4365), dont une, attribuée à Largillière (4302), est d'une véritable beauté. Peu de valeur iconographique s'attache aux figures, d'ailleurs de petites dimensions, du curieux tableau représentant le Conseil de Régence, dans un cabinet de Vincennes ou des Tuileries (4366). Le plus grand portrait du prince est dans la toile de Santerre (3701), en armure, tête nue, tenant d'une main un gouvernail bleu fleurdelisé posé sur un tertre et appuyant l'autre sur un globe aux armes de France ; une Minerve, penchée sur lui et qui semble lui donner des conseils de sagesse, a passé à tort pour avoir les traits de Mme de Parabère. Malgré l'aspect volontairement sérieux de cette scène, le peintre n'a pu en sauver entièrement le caractère équivoque ; ce n'est plus une allégorie à la façon de Lebrun qu'on a sous les yeux, mais une illustration de l'Arioste.

De Santerre encore sont deux portraits de la troisième fille du Régent, l'abbesse de Chelles. Dans le premier (3726), elle est en bergère, assise dans un pâturage, un chapeau de paille sur des cheveux bruns flottant en boucles, un petit livre ouvert à la main ; dans le second (3725), les traits se sont à peine modifiés, le rouge n'a pas disparu, mais un voile noir, au lieu de jolis cheveux, encadre le visage, le livre galant est devenu un traité de saint Augustin, et le fond du paysage montre le bâtiment et les jardins de l'abbaye gouvernée par la princesse. Gobert a peint deux autres filles du Régent, la duchesse de Modène, représentée en Hébé (4360), ayant à peine vingt ans, appuyée sur un aigle et tenant une aiguière et un gobelet d'or, et Mlle de Chartres, la princesse de Conti, en naïade, le bras droit appuyé sur une urne (3821). Parmi les portraits de la famille d'Orléans sous Louis XV, on peut encore signaler celui de son petit-fils, par L.-M. Vanloo (3815), et celui de la femme de celui-ci, Louise-Henriette de Bourbon-Conti, duchesse d'Orléans (4463), répétition d'un Nattier et la seule œuvre authentique de Versailles rappelant les traits de l'Hébé de Chantilly par le même peintre.

Une toile de l'école de Rigaud (4391) représente en armure et tenant le bâton de commandement le comte de Charolais encore jeune, et moins heureusement peint en son âge mûr (3759); son frère, le comte de Clermont, qui figure aussi dans la collection de l'Académie, a été représenté dans sa vieillesse par Drouais, se promenant dans un paysage, botté, éperonné, la canne à la main et le cordon du Saint-Esprit en sautoir (3760). Parmi les sœurs de ces princes, Mlle de Charolais s'est fait peindre en ermite, dans un pays désert, suivant une mode assez fréquente alors (4393), et Mlle de Sens a demandé à Gobert son portrait en Folie, ayant sur son visage de vingt ans un petit bonnet pointu, vêtue d'une robe à grandes fleurs recouverte d'une pelisse fourrée, un masque noir à côté d'elle (3732). Dans le goût de Santerre est un portrait en habit de chasse de Mlle de Bourbon, princesse de Condé, dont il y a deux exemplaires, l'habit à larges parements d'or y étant de couleur différente : la princesse tient son chapeau

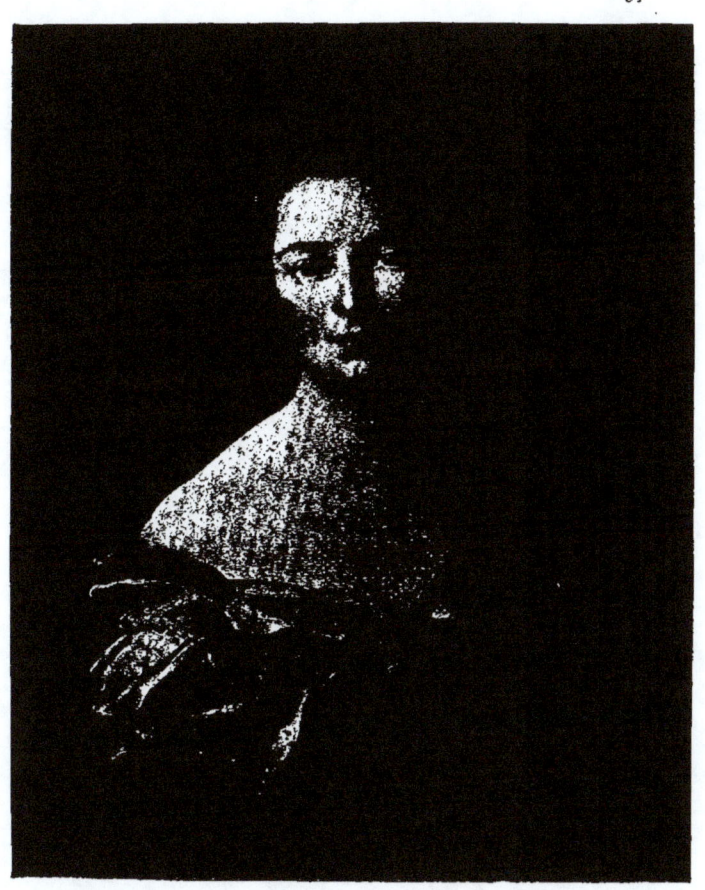

LOUISE-HENRIETTE DE BOURBON-CONTI

DUCHESSE D'ORLÉANS

par NATTIER.

52

LOUISE DE LORRAINE, PRINCESSE DE TURENNE

par NATTIER.

à la main et étend l'autre devant un long canal, qui
fuit dans le paysage (3729, 3730). Nattier a peint une
princesse de Turenne, depuis duchesse de Bouillon, vêtue
d'une robe blanche enguirlandée de fleurs (4443). On ne
saurait voir un original de Boucher dans une Mme de
Pompadour dans le goût des déesses demi-nues du
peintre (3775). A l'iconographie de Mme de Pompadour peut
se rattacher, outre le moulage de la statue faite par Pigalle
pour Bellevue, une jolie terre cuite d'après Pigalle, placée
dans les cabinets du Roi et reproduisant le groupe célèbre
de l'Amour et l'Amitié, celle-ci, dit-on, sous les traits de la
marquise (3727, 3757).

Parmi les portraits de souverains étrangers de l'époque
Louis XV, nous remarquerons les nobles images officielles
de Philippe V et de sa seconde femme, Élisabeth Farnèse,
par L.-M. Vanloo (4378, 4379); l'artiste les a exécutées
sans doute en 1745, année où il peignit le roi d'Espagne
entouré de sa nombreuse famille dans le grand tableau qui
est au Musée du Prado et dont Versailles expose l'esquisse
(4380). L'Infante, que nous avons déjà rencontrée dans un
portrait de Louis XV, a été peinte deux fois par Belle pendant son séjour en France, une première fois debout devant
la pièce d'eau des Suisses et tenant une couronne de fleurs,
en robe bleue à galons d'argent (4381), une seconde fois
assise et jouant avec des fleurs, le fond présentant le groupe
de l'Enlèvement de Proserpine par Girardon (3720) Nous
ne pouvons qu'énumérer l'étrange portrait en pied de
Charles XII, roi de Suède, par David von Kraft, le seul
qui ait été fait d'après nature (3714), le czar Pierre le Grand,

peint par Gobert lors de son voyage en France (3634), le
czarévitch Alexis Pétrovitch (3693), deux grands portraits de Louis de Silvestre, Frédéric-Auguste II, roi de
Pologne, et sa femme Marie-Josèphe d'Autriche (3787,
3788), Charles III d'Espagne, par Raphaël Mengs (3872),
Benoît XIV, par Subleyras (3852), Stanislas Leczinski et sa
femme, répétitions de J.-B. Vanloo (3717, 3718), auxquelles
on peut préférer un énergique Stanislas par Lunebourg
(3746), ou le portrait ovale (3747), qui paraît bien être celui
que Belle fit de l'ex-roi de Pologne, en 1730, pour la chambre
de Marie Leczinska. Ajoutons Frédéric-Guillaume II, roi de
Prusse, par Antoine Pesne, le peintre français de Frédéric II (3744), Frédéric II lui-même, grand portrait flatté et
lourdement peint par Mme Thersbusch en 1772 (4501),
l'impératrice Élisabeth Pétrowna, par Tocqué, grande toile
vigoureusement ébauchée et où la tête et les mains sont
seules achevées (3853), etc. Plusieurs jeunes princes de la
maison de Lorraine (3734, 3738, 4359, 4360), entre autres le
futur empereur François Ier, ont été peints par Gobert, qui
paraît avoir été attaché quelque temps au service du duc
Léopold Ier. Un portrait en buste de l'impératrice Marie-
Thérèse (3857), attribué à Ducreux par un graveur, ornait
les appartements de Marie-Antoinette, ainsi que d'autres
images de sa famille, qui semblent être dans nos collections,
et notamment un gracieux pastel en pied de sa sœur Marie-
Christine, duchesse de Saxe-Teschen, demeuré dans son
cadre ancien (nouv. acq.).

La liste de portraits de ministres n'est pas moins riche que
pour le règne de Louis XIV. Si le duc de Bourbon, prince

L'INFANTE D'ESPAGNE, FIANCÉE A LOUIS XV

par ALEXIS BELLE.

de Condé, « Monsieur le Duc », est partout assez médiocre-
ment peint (3696), le cardinal de Fleury se présente en
une belle répétition du Rigaud de 1728, où les mains tout
au moins révèlent le maître (3763). On peut goûter aussi
dans la série des portraits sortant de l'atelier de Rigaud, le
M.-P. d'Argenson (3830) et le Philibert Orry, qui est une
des œuvres tardives de l'artiste (3767). La suite complète
des directeurs des Bâtiments du Roi se trouve fort heureusement réunie au palais qui a tenu tant de place dans leurs
préoccupations artistiques. Avant le financier Orry, c'est le
duc d'Antin, représenté par des copies du Rigaud de 1713
(3673, 4333) ; après lui, ce sont MM. de Tournehem et de
Marigny peints par Tocqué, l'un en 1750, l'autre en 1755,
et dont le second, avec son habit bleu à fourrures, a fourni
au peintre l'occasion d'un de ses chefs-d'œuvre les plus connus (3774, 3776). Roslin nous offre un Marigny un peu
plus âgé (4447), celui-là même dont, au Salon de 1761,
Diderot raillait « la tête bien droite, la main sur la hanche
et les jambes bien cadencées. Je déteste, » ajoutait-il,
« ces attitudes apprêtées. Et c'est le directeur de nos Académies de peinture, sculpture et architecture qui souffre
qu'on le contourne ainsi ! Il faut que ni le peintre, ni
l'homme n'aient vu de leur vie un portrait de Van Dyck. »
Roslin prend sa revanche avec le portrait de l'abbé Terray,
peint en 1774, son morceau de réception à l'Académie
(3880). Pour aller jusqu'au dernier des directeurs de l'ancien régime, mentionnons le tableau, commandé en 1779
par le Roi pour l'Académie, et dans lequel Duplessis a
représenté le comte d'Angivillers appuyé sur une table où
se trouve le plan de la galerie du Louvre (3926).

Les portraits officiels provenant des bureaux de minis-
tère sont en général de peu d'intérêt d'art. Il faut faire
exception pour deux importants L.-M. Vanloo, signés et
datés, un duc de Choiseul en habit rouge, de 1763, assis
devant une table où se trouvent parmi les papiers le plan
de l'Hôtel des Affaires étrangères et le Pacte de famille
(3845), et un comte de Saint-Florentin (duc de la Vrillière)
en habit bleu, de 1769, à rapprocher du buste du même
personnage par Lemoyne (4476, 1908). Les gardes des
sceaux sont représentés en quelques bonnes œuvres : un
buste en marbre de M.-R. d'Argenson, par Nicolas Coustou (2860), un portrait d'Armenonville (4403) et un autre
de Chauvelin (4404), tous les deux de l'école de Rigaud.
La magistrature présente deux chefs-d'œuvre de Largillière, le maître des requêtes Le Peletier (4409) et le con-
seiller d'état Morant (4410), qui font, l'un en robe rouge,
l'autre en robe noire, deux beaux pendants de composition
grave et de peinture vigoureuse.

Des portraits authentiques d'hommes de guerre du
xviiie siècle sont répartis dans les attiques et les anciennes
salles des maréchaux de France. On y trouve les maréchaux de Broglie, de Chaulnes, de Cossé-Brissac, du Muy,
de Noailles, de Richelieu, de Soubise, etc. Le maréchal de
Lowendal est représenté au pastel, en costume de bal mas-
qué, et en marbre, par un buste en cuirasse (4466, 1907) ;
Maurice de Saxe n'a qu'une copie, d'ailleurs ancienne (3828),
d'après Liotard. Pour le maréchal de Belle-Isle, voici des portraits de Nivelon, qu'on pourrait dire dans le sentiment de
Rigaud, si la vive intention d'imiter suppléait au talent de
l'imitateur (3829), et une petite composition de Valade, où le

54

LE MARQUIS DE MARIGNY

par Toucqé.

médaillon du héros est couronné par Minerve, appuyée sur les livres de César et de Xénophon, accompagnée de la Victoire et de la Renommée portant le drapeau blanc à fleurs de lis d'or (4400). Citons encore une œuvre supérieure, le marquis de Matignon, en cuirasse, par Tocqué (3771), une œuvre curieuse, le lieutenant-général de Waldner, par Hischbein (4471), et une troisième, de sentiment plus familier, mais d'une bonne révélation psychologique, qui est un portrait de La Bourdonnaye, d'attribution encore incertaine (3834).

C'est le Voltaire de la Régence, le jeune et pimpant homme de lettres, que représente un portrait en buste longtemps discuté, avec un habit prune brodé d'or, tenant sa plume de poète et un portefeuille qui contient sans doute la *Henriade* (3883). Cette jolie peinture dans la manière de De Troy, et qu'on peut rapprocher de la copie académique du Largillière de 1718 (2987), est singulièrement éloignée du buste de Houdon, daté de 1782, posthume par conséquent, et qui offre cette différence avec les autres Voltaire du même artiste, qu'il porte perruque (852). On a réuni dans la même salle ces deux morceaux, qui donnent les points extrêmes de la physionomie de l'écrivain. Une seule image de Diderot (855), mais c'est aussi un Houdon, un buste daté de 1775 et dédié « à M. Robineau de Bougon », marbre comparable à la terre cuite du Louvre, qui est antérieure de quatre ans et dans laquelle les marques de l'âge ne semble pas accusées comme dans le buste de Versailles, fait après le voyage de Diderot en Russie.

D'Alembert est moins bien traité ; son buste, par Francin (857), fait un pendant insuffisant au Diderot. Un

J.-J. Rousseau de Houdon est à la bibliothèque de la ville
de Versailles; celui du Musée n'est qu'un buste posthume
de Boyer (854). Le Raynal d'Espercieux paraît modelé
d'après nature; c'est tout l'éloge qu'on en peut faire (856).
On pourra compter, au contraire, parmi les meilleurs
marbres de J.-B. Lemoyne, un buste de Fontenelle (850). Un
portrait du même savant, peint avec signature de Greuze
et daté de 1793, est assez intéressant, mais laisse place à
quelques doutes (4374); celui qui était à l'Académie française (2936) est évidemment plus près de la ressemblance.

Le buste de Buffon est médiocre, ainsi que son portrait
de l'Académie, daté de 1753 (860, 2994); mais il faut donner à Pajou une jolie statuette de bronze (2155), où l'historien de la nature est assis, regardant le ciel, une sphère
et divers objets de ses études autour de lui; l'esquisse en
terre vient d'entrer au Louvre. Les portraits provenant de
l'Académie française sont presque tous d'une médiocrité
d'exécution extrême : ces copies ont du moins le mérite
de représenter parfois des originaux intéressants et datant
de l'époque de la « réception ». Telles paraissent notamment, outre celles déjà citées, les effigies de Danchet,
Duclos, La Chaussée, Thomas; un Crébillon assez singulier en toge romaine (2978), Marivaux, daté de 1743 (2985),
Montesquieu en profil de médaille, daté de 1728 (2976), et
quelques académiciens d'église. Hors cette collection, on
remarquera un portrait anonyme de Destouches (3780) et
un Jean-Baptiste Rousseau assis et tenant un livre, toile
habile et sobre d'Aved (3743). On leur préfèrera le Gres-
set de Tocqué, souriant et fin, en habit rouge, la main
gauche dans son gilet et le chapeau sous le bras (3805), et

55

FONTENELLE

par GREUZE.

un Maupertuis, qui fait songer au même peintre, tout jeune, en habit gris, brodé, à dentelles, une perruque blonde flottant sur les épaules (3779).

Plus que les littérateurs, les artistes du xviii⁰ siècle semblent avoir eu le goût d'être représentés au milieu de leur famille. Les tableaux de ce genre sont, en effet, assez nombreux. Celui où Largillière s'est peint, faisant le portrait de sa mère (4416), n'a ni les dimensions, ni la valeur d'art du tableau du Louvre, qui le montre avec sa femme et sa fille; mais on y trouve une composition toute différente, et la famille entière y est réunie. Nattier s'est représenté aussi au milieu des siens, au repos, les pinceaux à la main. Le tableau a des défauts divers qui tiennent sans doute à ce qu'il a été commencé en 1730, alors que les quatre enfants étaient tout petits, et terminé en 1762, fort longtemps après la mort de la jeune femme qui se tient au clavecin (4419). Le peintre ornemaniste Lajoue s'est représenté dans un jardin devant une fontaine à rocailles, debout près du banc où sa femme est assise avec une petite fille auprès d'elle (4420). La famille de Carle Vanloo, où le peintre dessine le portrait de sa fille, est le sujet d'un tableau exposé au Salon de 1757 par son neveu L.-M. Vanloo (3849); la qualité de l'exemplaire de Versailles, quel que soit l'intérêt de la scène, ne vaut pas celle du portrait ovale, signé de L.-M. Vanloo en 1764, où il a représenté seul le premier peintre du Roi (3850). Le portrait du sculpteur lyonnais Jean Thierry est un des beaux Largillière du Musée (4423), meilleur encore que le portrait du peintre par lui-même, montrant de la main une toile sur laquelle la craie vient de tracer une esquisse (3681).

De Troy a fait le portrait de son confrère Alexis Belle (4417) ;
une toile qui le représente lui-même, datée de 1745, doit être
l'œuvre d'un des pensionnaires de l'Académie de France à
Rome, dont il était alors directeur (3784). Notons en passant le portrait du graveur Tardieu, par J.-B. Vanloo (3782),
celui du premier architecte du Roi, Jacques Gabriel (3781),
et terminons cette énumération trop rapide sur deux précieux Roslin, son Cochin et son Boucher (4486, 4485), qui
rendent avec esprit le caractère de ces artistes.

Les plus importantes œuvres de peinture militaire que le
règne de Louis XV ait inspirées se trouvent être d'un
artiste presque compatriote de Van der Meulen, Van Blarenberghe. Ce ne sont plus, d'ailleurs, des panneaux décoratifs,
ni de grands cartons pour les Gobelins, mais des tableautins exquis, de fines gouaches de moins d'un mètre de lar-
geur, dans lesquelles le peintre lillois a représenté, avec
une extrême précision de paysages et d'uniformes, les campagnes de 1744 à 1748. Dans les étroites limites où se
meuvent par milliers les petits personnages, et où le Roi,
le comte de Clermont, Lowendal, le maréchal de Saxe, etc.,
sont aisément reconnaissables, ces gouaches, étudiées sur
les lieux et exécutées sous Louis XVI, tirent encore un
intérêt spécial du point de vue stratégique. Il faut mettre à
part dans cette incomparable série l'entrée solennelle de
Louis XV à Mons et sa réception par le clergé et le corps de
ville (2259), sujet traité en grand par Charles Parrocel pour
la galerie de Choisy (2258). La bataille de Fontenoy, que
représente un des petits chefs-d'œuvre de Van Blarenberghe
(2230), a été peinte à la fois par Hyacinthe de la Pegna

(196) et par Pierre Lenfant, aux divers moments de la journée (188, 195, 197). Les tableaux de Lenfant, ainsi que
d'autres du même artiste, les sièges de Tournai et de Mons,
la bataille de Lawfeld, etc., proviennent de l'Hôtel de la
Guerre à Versailles ; on peut les comparer avec les tableaux
de Charles et de Joseph-François Parrocel se rapportant
aux mêmes campagnes.

La toile de J.-B. Martin, dit « Martin des batailles », le camp
du maréchal de Berwick devant Fontarabie (176), n'a que
l'attrait d'une scène de genre, ainsi que celle d'un peintre
peu connu et non sans mérite, Antoine Robert, qui a daté
de 1729 un groupe de dames assises regardant une revue
de mousquetaires (4402). Une série d'uniformes de l'infan-
terie française sous Louis XV et Louis XVI mérite de ne pas
passer inaperçue (2243 à 2257) ; une curieuse gouache
attribuée à Lepaon groupe ceux de la Maison du Roi,
défilant devant Louis XV à la revue annuelle de la plaine
des Sablons (2266). Les épisodes militaires du règne de
Louis XVI représentés à Versailles, se réduisent à quelques
combats de mer pendant la guerre d'Amérique, tableaux
commandés par le Roi à J.-F. Hue et au marquis de Rossel,
et à deux gouaches de Van Blarenberghe, le siège et la prise
d'York-Town (2264, 2265). Cette pénurie d'œuvres est à
constater, au seuil de la période guerrière qui va donner un
si grand développement à notre peinture militaire.

Quelques tableaux se rapportant à la vie civile sont plus
importants. Deux toiles rappellent le lit de justice tenu par
Louis XV, le 12 septembre 1715. Celui de Dumesnil montre
l'intérieur de la grande chambre du Parlement ou Chambre
dorée (172) ; les parois sont tapissées de tentures bleues

semées de lis ; deux logettes ou « lánternes » sont remplies de
dames. Les conseillers de toutes les chambres, les pairs
ecclésiastiques et laïques, les princes du sang s'étagent sur les
gradins et conduisent le regard au point le plus éclairé du
tableau, à l'angle où, sous le dais, est assis le petit Roi, ayant
auprès de lui sa gouvernante, la duchesse de Ventadour ; au
pied du trône, le grand chambellan et les huissiers de la
chambre agenouillés, la masse d'armes de vermeil sur le col.
Aucun tableau ne donne avec plus de précision l'aspect
d'un lit de justice, dans la célèbre salle si transformée
aujourd'hui. Le départ du Roi après la cérémonie a été peint
par J.-B. Martin (173) ; S. M. vient d'apparaître, porté par
le premier chambellan, sur le perron de la Sainte-Chapelle ;
le Régent, le duc de Bourbon et les princes du sang des-
cendent devant lui. La cour est pleine de curieux, d'équipages, de gardes à cheval ; à toutes les fenêtres les têtes se
pressent ; une vie intense de curiosité et de fête anime cette
petite toile, où la minutie des détails est extrême. Dans la
série des vues de l'ancien Paris, que possède le Musée et
qui seront groupées un jour, celle-ci doit occuper le premier
rang. L'exactitude du profil méridional de la Sainte-Chapelle, tel qu'il existe encore, autorise les autres renseignements sur les parties des bâtiments qui entouraient la Cour
et qui ont disparu dans les incendies du xviiie siècle, la
Chambre des Comptes, par exemple, merveille d'architecture et de décoration du commencement de la Renaissance.
L'œuvre de Martin, exact comme un Canaletto, nous restitue
un vieux décor parisien vu par l'artiste, et qui n'avait pas
changé depuis le xvie siècle.

Le sacre de Louis XV est représenté au Musée dans un

56

BOSQUETS DE VERSAILLES

ENTRÉE DU TAPIS VERT EN 1775

par HUBERT ROBERT.

très petit tableau du même maître où trouvent place les moindres détails du costume des assistants et de l'intérieur de la basilique de Reims (Cabinets du Roi, 2198). On ne trouve pas moins de précision dans le tableau de P.-D. Martin (178), sur la cavalcade du lendemain du sacre, où on distingue jusqu'au sujet des tapisseries qui tendent le passage allant de l'archevêché à la cathédrale ; le peintre a choisi le moment où le Roi sort pour se rendre à Saint-Remy, accompagné du Régent, des grands officiers de sa maison, des maréchaux de France, etc., et précédé du cortège traditionnel. Le Musée a acquis récemment une esquisse anonyme très poussée représentant la réception par Louis XV enfant, d'une députation du Parlement ; le Roi est vêtu de blanc et on voit aux côtés du trône le Régent et le duc de Bourbon (nouv. acq.).

Les trois tableaux de Ch. Parrocel, qui rappellent la réception à Paris, racontée par Saint-Simon, de l'ambassadeur turc Méhémet-Effendi, le 21 mars 1721, ont quelque intérêt pour la topographie de la capitale et témoignent de l'importance que la Régence attacha à cette ambassade orientale. Le premier et le plus petit représente l'ambassadeur accompagné d'un cortège militaire et entouré de curieux, arrivant aux Tuileries par le pont tournant, où la bordure est faite par les gardes suisses et françaises (177). Le second reproduit à peu près le même moment, et le troisième, la sortie de l'ambassadeur « sur le même pont, bordé de la maison du Roi et du régiment de S. M. » (2215, 2216). Ces deux derniers tableaux, intéressant par la facture et aussi par les uniformes et le paysage, ont été commandés assez tard à Parrocel et exposés au

Salon de 1746, avant d'être exécutés en tapisseries des
Gobelins. Ces ambassades orientales occupaient fort les
esprits ; Aved, par exemple, a indiqué, dans le fond de son
portrait de Saïd-Pacha, entouré d'accessoires curieux, le
cortège d entrée de cet autre envoyé de la Porte (3716).

Un grand tableau de Noël Hallé (217 *bis*) rappelle la paix
définitivement signée à Paris, en 1763, et dont la publica-
tion fut faite dans la ville, suivant l'usage, par le prévôt des
marchands et le corps de la maison de ville. Le prévôt, en
robe rouge, les quatre échevins et les autres officiers du
corps sont réunis sur une estrade devant un large bureau,
dans une salle de l'Hôtel de Ville, dont la porte entr'ouverte
laisse apercevoir le peuple qui se presse au dehors. La Paix,
assise sur un nuage avec Minerve, présente aux magistrats
municipaux le rameau d'olivier ; au bas du tableau sont des
génies allégoriques, et le fond de la salle est décoré d'un
bas-relief représentant la ville de Paris.

L'histoire intime de la Cour et celle des usages mondains du
xviiie siècle utiliseront les gouaches où Portail a animé de
promeneurs élégants le décor du Bassin de Neptune et de la
Pièce d'eau des Suisses (2267, 2268), ainsi qu'un dessin où
Cochin et P.-A. Slodtz ont représenté un projet de théâtre,
destiné soit aux cabinets de Versailles, soit à la salle de
l'Opéra, Mme de Pompadour figurant auprès du Roi (5037).
On ne saurait trop consulter surtout les trois toiles de
Michel-Barthélemy Ollivier (la quatrième de la série est au
Louvre), dont deux au moins, les plus grandes, exposées au
Salon de 1767, avaient été commandées par le prince de Conti
pour la décoration de son salon de l'Isle-Adam ; on y voit une
fête champêtre donnée au prince héréditaire de Brunswick-

57

BOSQUETS DE VERSAILLES

LES BAINS D'APOLLON

par Hubert Robert.

Lunebourg, au printemps de 1766, brillant repas servi sous une tente dans une clairière de la forêt de Cassan (3822), une scène de chasse, la prise du cerf dans la pièce d'eau devant le château aujourd'hui détruit de l'Isle-Adam (3823), enfin un souper du prince de Conti dans sa résidence parisienne du Temple, avec sa société familière (3825). Le souper, éclairé aux bougies, réunit à deux tables richement servies dix-sept convives dont quatre musiciens. On peut tenter d'y reconnaître quelques personnages : sur le devant, le chanteur Gélyotte tient une partition à la main, ayant auprès de lui Mlle Fel ; au milieu de la table le prince de Conti, en habit rouge, prend une bouteille dans un seau à rafraîchir et se penche à droite vers « l'idole du Temple », la comtesse de Boufflers ; à sa gauche serait Mlle Bagarotti. Ces œuvres délicates d'un peintre soigneux et peu connu sont l'évocation la plus complète d'un milieu princier à la fin du règne de Louis XV.

RÈGNE DE LOUIS XVI

Un chef-d'œuvre tient la première place dans l'iconographie du roi Louis XVI ; c'est le buste de Houdon (1834). L'artiste a su ennoblir l'épaisse physionomie de son modèle, et y mêler une majesté grave et bienveillante ; il a tiré le plus heureux parti du manteau du Saint-Esprit disposé en larges draperies. Une opération mal faite de moulage a communiqué au marbre une teinte dorée, qui lui donne l'aspect d'un colossal morceau d'ivoire. Parmi les autres bustes de Louis XVI, le Petit Trianon conserve celui de Pajou, en armure, daté de 1779, qui a été reproduit en biscuit de Sèvres avec la date de 1780 (2212). Les traits de Louis XVI au moment de son mariage se retrouvent dans un petit médaillon qu'on mentionnera plus loin, et ils ont été sculptés sur bois, peu après son avènement, dans la décoration même de sa bibliothèque ; le profil royal s'y voit, en effet, présenté par deux génies à la Sagesse, dans un bas-relief doré au-dessus de la cheminée, œuvre des sculpteurs Rousseau. Les portraits peints de Louis XVI sont assez nombreux. Outre son image de dauphin par L.-M. Vanloo (1889), qui le montre encore chétif et souffreteux, Versailles possède des exemplaires du portrait en buste de Duplessis, que celui-ci a répété au moins une cinquantaine de fois (719, 3966), et le Grand Trianon expose un portrait en pied par le même artiste, attribué à tort à Callet, qui date de 1777 et qui, représentant le costume du sacre, était destiné à jouer pour Louis XVI le rôle des portraits de Rigaud et de L.-M. Vanloo pour Louis XIV et Louis XV. Une autre toile du même genre fut commandée à Callet à la fin du règne et exposée au Salon de 1789 (3890 et Petit Trianon) ; mais ce peintre ne s'est pas mis en frais d'imagination et s'est borné à reproduire l'attitude du Louis XV de Vanloo ; les accessoires même ont une disposition identique, sauf le trône dont la sculpture dorée montre les attributs de la justice et les faisceaux de la liberté. On aimera mieux, pour l'imprévu de la composition, un Louis XVI à cheval tenant le bâton de commandement et couronné de lauriers par une Victoire (3967), petite esquisse d'un tableau qui nous est inconnu, et surtout le grand portrait à cheval de Carteaux, daté de 1790 ; Louis XVI, en habit rouge très simple, porte les ordres, mais le « peintre du Roi », qui ajoute à ce titre celui d' « officier de la cavalerie parisienne »,

LOUIS XVI

par HOUDON.

LOUIS   XVI

par CALLET.

a mis au chapeau royal la cocarde de la Nation et dans la
main une épée sur laquelle est écrit *La Loi* (3968).

Plus que Louis XVI, c'est Marie-Antoinette qu'on cherche
à Versailles dans les souvenirs de son séjour et dans ses portraits. On y conserve plusieurs célèbres morceaux de sa vaste
iconographie. Faisons mémoire d'abord des tableaux exécutés en Autriche et qui rappelaient à la Reine son enfance.
Un d'eux représente la nombreuse famille impériale vers 1757
(3860), groupée autour de François Ier et de Marie-Thérèse,
et où l'archiduchesse destinée au trône de France est l'enfant placé sur un fauteuil, aux traits identiques à ceux
d'un portrait conservé à Schœnbrunn; ce tableau n'est
qu'un arrangement, spécial à Marie-Antoinette, de la grande
composition de Martin de Meytens. On a placé à Trianon
les deux divertissements donnés à Schœnbrunn, le 24 janvier 1765, pour le mariage du futur empereur Joseph II
(3944, 3945); dans le second, la jeune danseuse du ballet
au premier plan est Marie-Antoinette. Un peu plus tard,
elle est représentée dans une copie du portrait en
buste, en robe bleue avec ruban bleu au cou, que Ducreux
alla faire à Vienne pour renseigner la Cour de France sur
sa prochaine dauphine (3891). Un petit bas-relief, faisant
pendant à celui du dauphin, date du moment même du
mariage, comme en témoignent les vers gravés sur le pied
des deux médaillons (2151, 2152). Toute jeune encore,
mais devenue déjà la « petite reine », qui fait l'orgueil et
l'inquiétude de Marie-Thérèse, Pajou a fixé sa grâce en un
buste frais et nerveux, digne pendant du marbre de Lemoyne
qui est au musée de Vienne. De cette œuvre charmante

dont le moule est à Sèvres, un exemplaire ancien est placé
dans le salon des « Cabinets de la Reine » (2213); un autre,
malheureusement brisé, est dans le boudoir du Petit Trianon. Un second buste de biscuit, mais de petites dimensions, est exposé aussi dans les « Cabinets » (2153). Il y a
un caractère plus officiel dans le buste de Lecomte (2123),
où l'artiste fait suivre sa signature de la date de 1783,
qui représente la Reine dans la plénitude de sa beauté, portant sa large coiffure, et ses belles épaules couvertes du
manteau fleurdelisé; sur la poitrine est le médaillon de
Louis XVI.

Quatre des toiles de Mme Vigée-Lebrun, les plus populaires des portraits de la Reine, sont revenues à Versailles. La plus ancienne, qui remonte à 1779, a été sous la
Restauration l'objet d'une gravure célèbre de Roger, avec
l'attribution à Roslin, qui lui est souvent conservée; c'est
pourtant bien celle dont parle Mme Lebrun dans ses *Souvenirs*, où la Reine est « avec un grand panier, vêtue d'une
robe de satin et tenant une rose à la main ». Les deux
exemplaires qui existent dans nos collections sont sans
doute de ces répétitions que mentionne l'artiste elle-même
dans la liste de ses travaux; l'un est exposé à Versailles
(3892), l'autre au Petit Trianon (4519). Ces toiles ne sont
pas signées, non plus que celle où la Reine, en robe de
taffetas gris, coiffée de gaze et de plumes, fait un bouquet dans un jardin (3893); en cette gracieuse composition ce
qui doit manquer le plus, comme en beaucoup de portraits
de Mme Vigée-Lebrun, c'est la ressemblance.

Les autres portraits importants sont signés et datés. Celui
de 1787 représente Marie-Antoinette entourée de ses trois

MARIE-ANTOINETTE

par Pajou.

MARIE-ANTOINETTE FAISANT UN BOUQUET

par Mme VIGÉE-LEBRUN.

enfants (4520) ; elle a la toque et la robe en velours rouge
garni de fourrures ; sur ses genoux est le duc de Normandie (Louis XVII) âgé de deux ans ; Madame Royale enlace
tendrement le bras droit de sa mère ; devant elle, le
dauphin debout soulève le rideau du berceau de son jeune
frère, portant comme lui le cordon du Saint-Esprit. Dans le
fond est une indication de la Galerie de Versailles, et un
beau meuble à trois corps, qui ne se retrouve pas aujourd'hui,
rappelle le fameux cabinet de velours rouge brodé d'or,
qui fut offert à Marie-Antoinette en 1770 pour contenir
sa corbeille de mariage. Mme Lebrun avait déjà peint
les deux enfants plus âgés, en 1784, dans le gracieux
tableau où la jeune princesse et le dauphin sont assis sur un
banc de gazon et tiennent ensemble un nid d'oiseaux (3907).
Le grand tableau fut payé dix-huit mille livres. C'est celui
qui, un moment absent de son cadre au Salon de 1787, à
l'époque de l'impopularité croissante de la reine et de la crise
des finances, fut appelé malignement « Madame Déficit » ;
c'est aussi celui qui fut retiré, en 1789, des grands appartements où il était placé, parce que Marie-Antoinette ne
pouvait passer sans pleurer devant le portrait du dauphin
qu'elle venait de perdre. Sous l'Empire, la toile était encore à
Versailles, mais dans une salle à l'écart, où les gardiens la
montraient aux visiteurs et où la revit Mme Lebrun.

Le dernier portrait de Marie-Antoinette, par l'aimable
« peintre du Roi », est daté de 1788 et placé dans la chambre
à coucher (2097). La Reine est assise près d'une table, en
robe blanche, toque et manteau bleus, tenant un livre
relié à ses armes. On aimerait voir en ce joli tableau
une œuvre de vérité, si on ne savait que les mérites de l'ar-

tiste favori de la Reine sont de qualité tout autre. Ces œuvres manquent de sincérité documentaire ; elles atténuent les détails fâcheux, les yeux ronds et gros, la lèvre autrichienne, mais elles savent dégager le charme particulier d'une beauté à la fois incomplète et souveraine, la fierté du regard, l'élégance du port, la fraîcheur éclatante du teint.

Comme contraste à ces portraits de l'époque heureuse, il faut regarder celui de Marie-Antoinette en 1793, par Kucharsky (nouv. acq.). Le peintre, qui avait commencé aux Tuileries un beau pastel de la Reine donné à Mᵐᵉ de Tourzel, avait été admis au Temple et avait pu dessiner les traits de la prisonnière ; il avait utilisé cette étude pour peindre plusieurs répliques à l'huile ; celle qu'a récemment acquis le Musée, quoique assez lourdement peinte, est une des meilleures, et la seule qu'on puisse voir dans une collection publique. La Reine est dans les habits de veuve qu'elle a obtenus de la Convention ; les cheveux sont blancs, sous la coiffe blanche à demi recouverte d'un voile noir, les traits sont tirés et vieillis. Cette image, qui a une valeur documentaire assez grande, est d'un effet saisissant pour le visiteur qui sort des appartements, où Marie-Antoinette a vécu ses courtes années de bonheur.

Il y a au Petit Trianon un pastel très populaire représentant, à sept ans, le second dauphin (Louis XVII), vêtu d'un habit gris bleuté, portant la plaque du Saint-Esprit, le cordon bleu et la croix de Saint-Louis ; on l'attribue bien à tort à Mᵐᵉ Vigée-Lebrun, qui avait en effet quitté la France en 1789, alors que l'enfant royal comptait seulement quatre ans. L'auteur est d'ailleurs aisé à retrouver ; un portrait à l'huile, à peu près semblable d'attitude et de costume, le front seu-

MARIE-ANTOINETTE ET SES ENFANTS

par Mme VIGÉE-LEBRUN.

MARIE-ANTOINETTE EN 1788

par Mme VIGÉE-LEBRUN.

lement un peu plus couvert par les cheveux, appartient à
M. le marquis des Cars et est signé *Kucharsky fecit 1792.*
Le pastel, qui descend plus bas et qui place sous le bras de l'enfant une petite canne, paraît être un arrangement, moderne
en tous cas par la facture, du tableau bien authentique de
Kucharsky. Un buste de terre cuite, où l'on peut reconnaître
le premier dauphin, a porté jusqu'à présent le nom de
Louis XVII. Une image de celui-ci, tout à fait certaine,
mérite une place à part parmi les souvenirs du malheureux
prince ; c'est un petit buste de marbre de jolie facture, mais
qui a souffert, et où le nez et la bouche ont été refaits. Une
inscription raconte que ce buste, « horriblement mutilé par les
Vandales du 10 août », a été restauré en 1816 par les soins
d'un particulier. Il est signé *Deseine sculpteur du Roi 1790*,
et date par conséquent du séjour de la famille royale aux
Tuileries.

Un marbre a porté longtemps le nom de Madame Élisabeth parmi ceux de la Salle des gardes de la Reine (2127).
Il faut renoncer à cette désignation et restituer, croyons-
nous, ce gracieux buste enguirlandé de roses à son véritable
original, qui ne serait autre, si on le confronte avec les gravures, que la sœur aînée de Louis XVI, Madame Clotilde,
plus tard reine de Sardaigne. Un portrait connu et souvent
reproduit de Madame Élisabeth, en bonnet de linon à
rubans bleus, en robe blanche et ceinture bleue (3962), nous
inspire des doutes sérieux, tant pour la personne représentée
que pour l'attribution à Mme Lebrun, dont ce ne pourrait
être d'ailleurs qu'une copie. Versailles a de la princesse une
autre image, à l'âge de cinq ou six ans, qu'on peut attribuer à Drouais et qui la montre assise, en robe grise et

bonnet blanc, tenant un petit chien sur les genoux (3903).
Elle a dû être peinte vers l'époque où Drouais représentait
la sœur aînée, Madame Clotilde, en robe blanche, le bras
appuyé sur un coussin bleu et tenant des fleurs (3902);
l'embonpoint de celle qu'on appelait à la cour « le gros
Madame » est déjà fort accentué dans ce portrait et s'épa-
nouit plus complètement encore dans une toile du même
peintre exposée au Salon de 1775, où la nouvelle princesse de Piémont a sous les doigts une guitare aux cordes
dédoublées (3972).

Les frères de Louis XVI ont été peints vers l'époque du
mariage de leur aîné, et sans doute en même temps que lui,
peu avant la mort de L.-M. Vanloo (3894, 3899). Depuis cette
époque leurs portraits sont assez bien échelonnés à Versailles pour qu'on puisse suivre les changements de leur
physionomie : celle de Monsieur, comte de Provence
(Louis XVIII), part du brillant portrait de Drouais (3895)
en manteau du Saint-Esprit, pour finir au sérieux tableau où
Gérard s'efforce à dissimuler la corpulence du Roi devant
sa table de travail, et au buste à la Vitellius de Pradier
si différent d'aspect du joli Sèvres de 1779 (2214).
Le comte d'Artois se voit d'abord dans le groupe enfantin
de Drouais, où il soutient Madame Clotilde assise sur une
chèvre, tableau dont Versailles a une répétition (3898); le
même peintre fait aussi ses portraits d'apparat (3901,
3974), dans lesquels sa grâce de jeunesse rappelle assez
bien son portrait d'enfance, mais où rien ne fait deviner
le souverain morose et majestueux de Gérard ou de Vernet.
Madame et la comtesse d'Artois sont représentées dans ces
copies anciennes de leurs portraits que les princesses

LE DAUPHIN, FILS DE LOUIS XVI, ET MADAME ROYALE

par Mme VIGÉE-LEBRUN.

LA DUCHESSE D'ORLÉANS

MADEMOISELLE DE PENTHIÈVRE

par Mme VIGÉE-LEBRUN.

LA PRINCESSE DE LAMBALLE

aimaient à distribuer aux personnes de leur maison ;
nous n'en signalerons qu'une de la comtesse de Provence,
en Diane chasseresse (3971), parce qu'on y retrouve certainement la composition commandée en 1773 à Drouais,
en pendant à Marie-Antoinette en Hébé qui est à Chantilly. Les portraits des ducs d'Angoulême et de Berry
appartiennent presque tous à la période postérieure à la
Révolution ; mais on doit signaler ici le tableau d'enfants
qui groupe les deux frères avec une sœur morte jeune,
autour d'un petit chien caressé par le duc de Berry, tableau
que Mme Filleul a peint, non sans mièvrerie, en 1781
(3908), et surtout le petit pastel énergiquement crayonné
du duc de Berry, signé *Boze 1783* (nouv. acq.), où se
trouvent déjà presque tous les traits du modèle de
Gérard.

Comme portrait ancien du duc d'Orléans (Philippe-Éga-
lité), on citera le grand tableau de Callet en manteau de
l'Ordre du Saint-Esprit (3909), et un buste en marbre de
quelque valeur (2864). Pour la duchesse d'Orléans, deux
répétitions de l'élégant portrait où Mme Lebrun l'a représentée en robe blanche, la tête appuyée sur la main et le
coude sur un coussin rouge, la ceinture ornée d'un camée
de la « Fidélité » (3912, 4525). Pour le prince de Condé,
un pastel en habit blanc (4533). Pour son fils, alors duc de
Bourbon, un pastel en pendant au portrait de la duchesse
(4534, 4535). Pour son petit-fils, le duc d'Enghien au souvenir tragique, un portrait d'enfant en habit blanc (4538).
Un portrait en buste de la princesse de Lamballe, avec des
roses dans sa haute coiffure, a été agrandi en des proportions exagérées pour en faire, lors de la création du

Musée, un portrait en pied (3905). Les copies modernes de
portraits princiers sont fort multipliées pour cette époque ;
nous devons les passer sous silence, ainsi que les portraits
de princes et personnages étrangers, au milieu desquels
les membres de la famille impériale d'Autriche sont natu-
rellement les plus nombreux. Notons seulement, à cause
de son origine française, le buste de Joseph II (2150), qui
porte cette inscription : « Joseph II empereur, fait à Paris
en 1777 d'après nature par Boizot », et qui est exposé au
Petit Trianon.

La série assez abondante de portraits d'hommes de guerre
ou de gouvernement sous Louis XVI offre un moins grand
nombre d'œuvres de valeur que pour les règnes précédents.
On se contentera de remarquer celui du comte de Saint-
Germain, peint par Taillasson au moment même où le
vieillard énergique qu'il révèle entreprenait la réforme de
l'armée (3922), de Sartine (4540), de Foulon, l'intendant
général de la guerre et de la marine massacré en 1789
(4542), du comte d'Estaing peint par J.-B. Lebrun (3933),
de Bougainville peint par Ducreux en 1790 (nouv. acq.) ;
ajoutons les bustes originaux de deux victimes notables de
la Révolution, l'un en terre cuite du ministre Montmorin-
Saint-Hérem (647), l'autre du duc de Brissac, marbre
sculpté par Rœttiers de la Tour en 1784 (2870). L'inscription tombale du généalogiste royal Chérin porte son
médaillon de bronze par Séb. Chardin. Des toiles curieuses
par les accessoires scientifiques qui accompagnent les
figures sont les portraits du premier médecin de Louis XV,
Chicoyneau, par Arnulphy (4412), du chirurgien J.-J. Sue,
par Voiriot (4548), et de l'abbé Desmonceaux de Ville-

MADAME VIGÉE-LEBRUN

d'après Mme VIGÉE-LEBRUN.

DELILLE DICTANT SES VERS

par DANLOUX.

neuve, oculiste, par Pierre Lesueur (4549). Un portrait
signé *Le Gay 1778* passe pour celui de Cagliostro (4602),
et un pastel de Boze fait connaître ce Bonnefoy du Plan, qui
fut garde-meuble de Marie-Antoinette à Trianon et donna
les dessins de son armoire à bijoux (nouv. acq.). La litté-
rature réclame un mauvais portrait de Fontanes jeune
(4625), et deux morceaux dus à Boilly, un Marmontel en
habit gris (4551) et un pastel bien vivant de Choderlos de
Laclos (4613). Le Delille de Danloux (4550), peint dans un
grand tableau, le doigt levé en pleine inspiration des Muses
et dictant des vers à sa femme assise à ses pieds, est un
Delille postérieur à la Révolution et exposé seulement en
1802. Le portrait du graveur Coiny devant sa plaque de
cuivre, par F.-X. Fabre (4644), a été fait à Rome de 1788
à 1790. Un Grétry en habit vert, à haute cravate blanche
(4556), souriant et spirituel comme sa musique, bien différent du grave personnage que peindra Robert Lefèvre en
membre de l'Institut (nouv. acq.), a posé devant Mme Vigée-
Lebrun ; elle y fait comprendre le charme de son ami,
« cet aimable Grétry », qui donnait la primeur de ses opéras
au petit salon de la rue de Cléry. On distingue à peine la
signature *L. V. Le Brun 1785*, tracée à l'épingle sur la
toile, un des meilleurs et des plus étudiés portraits d'homme
qu'ait peints l'artiste.

Quelques œuvres de genres divers intéressent encore
l'histoire du règne de Louis XVI avant 1789. Tels sont les
remarquables Hubert Robert se rapportant à la replantation
générale des jardins de Versailles en 1775. Le premier (774)
représente l'entrée du Tapis-Vert, animée de groupes agréa-

blement disposés de promeneurs et d'ouvriers, on y distingue, les arbres étant abattus, un des dômes du bosquet de droite, à gauche la Colonnade; le *Milon* de Puget se dresse encore sur son piédestal. Le second tableau (775) montre les travaux de transformation du bosquet actuel des Bains d'Apollon; on abat les arbres de l'ancien bosquet; un des groupes des *Chevaux du Soleil* est déjà apporté; dans le fond, l'avant-corps du Château. Un dessin lavé à la plume, du même Hubert Robert (5038), est aussi consacré à ce bosquet, dont il avait été, comme on le sait, chargé de dessiner la disposition nouvelle; on y voit, par une interprétation assez libre de la réalité, réunis au milieu de rochers, d'où s'échappent des cascades, le groupe de Girardon et Regnauldin, *Apollon servi par les Nymphes*, et un des groupes de chevaux. Des gouaches de Michel de Toulon (5039-5044) décrivent les fêtes maritimes données au comte de Provence, en 1777, pendant sa visite au port de Toulon : débarquement de troupes, combat naval simulé, joutes, lancement d'un navire, pavoisement de l'escadre. Il faut citer enfin une suite de tableautins peints sur porcelaine tendre, d'après les chasses de Louis XV d'Oudry, mais transformées en chasses de Louis XVI par un rajeunissement des figures et des costumes, au milieu des mêmes sites de Fontainebleau et de Compiègne. Ces plaques étaient jadis à Versailles dans l'appartement privé du Roi; ce sont de précieux documents de mœurs et, au point de vue technique, ils constituent les plus importants des travaux exécutés en ce genre par la manufacture de Sèvres.

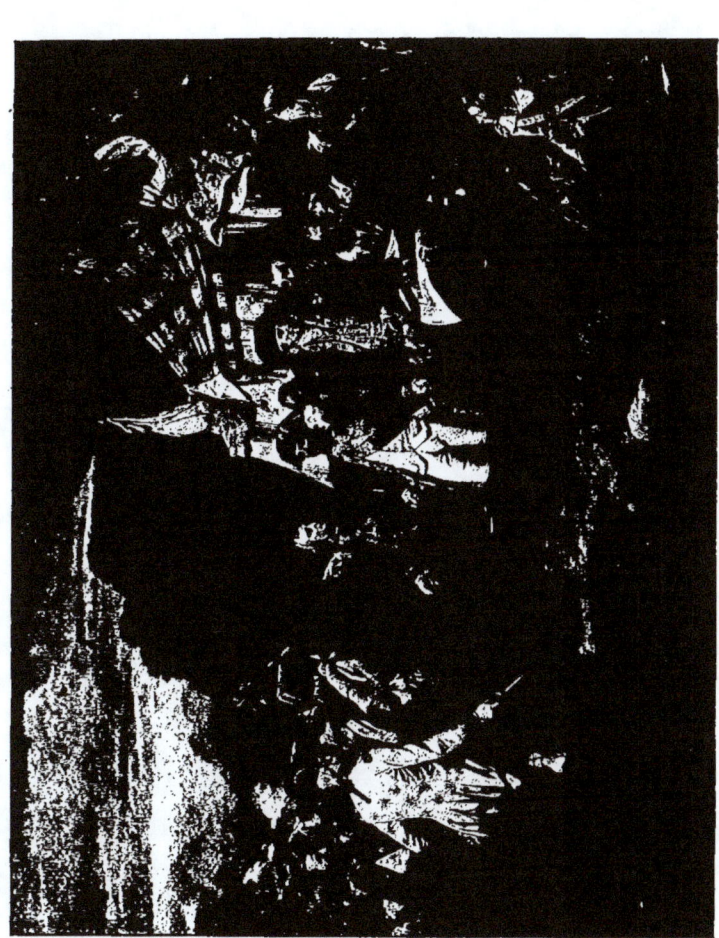

WASHINGTON ET ROCHAMBEAU A LA PRISE D'YORK-TOWN

17 OCTOBRE 1781

par COUDER.

LE SERMENT DU JEU DE PAUME

20 JUIN 1789

par COUDER.

RÉVOLUTION ET RÉPUBLIQUE

L'époque historique qui s'ouvre à la réunion des États-Généraux et va jusqu'au dix-huit Brumaire est représentée à Versailles par un grand nombre de scènes peintes et de portraits, mais peu ont le caractère de documents directs et contemporains leur donnant droit de figurer ici. Couder, par exemple, a composé de grands tableaux d'une réelle valeur sur l'ouverture des États Généraux, le serment du Jeu-de-Paume, la fête de la Fédération ; Vinchon et Léon Cogniet ont célébré l'enrôlement et le départ des volontaires de la patrie en danger ; Müller a groupé autour d'André Chénier divers personnages historiques dans une toile sentimentale, l'Appel des dernières victimes de la Terreur. Les campagnes de la Révolution ont inspiré beaucoup de tableaux militaires de l'époque de Louis-Philippe, dont quelques-uns sont signés de Charlet, H. Bellangé, Eugène Lami (dans les deux meilleurs de ce dernier, les batailles de Hondschoote et de Wattignies, les fonds de paysage ont été peints par Jules Dupré) ; les portraits des personnages ayant pris part aux campagnes de 1792 ont été réunis dans une salle spéciale, exécutés presque tous au moyen d'un rajeunissement de leurs portraits postérieurs et avec le costume et le grade qu'ils avaient à cette époque. Tout cet ensemble offre de l'intérêt, et présente un tableau populaire assez complet, tout au moins pour la partie militaire, de l'histoire de la Révolution française. Mais ce qui aurait plus d'importance, aux yeux des curieux d'aujour d'hui, ce seraient des souvenirs vraiment contemporains des événements, et notamment quelques-unes de ces composi-tions, fidèles miroirs des sentiments et des enthousiasmes de l'époque, qui figurèrent aux Salons de la période révolu-tionnaire.

Les œuvres de cette nature, que tant de causes ont pu contribuer à détruire dans les temps de crise, n'ont été conservées qu'en très petit nombre; peut-être n'en réuni-rait-on pas une dizaine, en faisant appel à toutes les collections publiques ou privées. Cette regrettable rareté ajoute au prix des deux épaves recueillies par Versailles. La première est un lumineux Hubert Robert, signé et daté de 1790 (4603), qui représente la fête de la Fédération au Champ de Mars. On voit à gauche l'arc-de-triomphe de style antique élevé du côté de la Seine, à droite l'École militaire, au fond les dômes des Invalides et du Panthéon; au pre-mier plan sont les spectateurs montés sur les anciens tertres bordant la place et que Couder a reproduits sur son grand tableau (1951); au milieu du Champ-de-Mars s'élève l'autel de la Patrie entouré des gardes nationales; un souffle d'orage symbolique pousse des nuages sur la scène.

La seconde toile, par Duplessis-Bertaux (5182), montre la prise des Tuileries dans la journée du 10 août 1792. Le palais se dresse sur la gauche, défendu par les vives décharges des Suisses; dans la cour du Carrousel, où gisent déjà nombreux leurs uniformes rouges et les uni-formes bleus de la garde nationale, s'avancent en plusieurs troupes les assaillants; au premier plan, un petit bataillon armé de piques et de hallebardes se presse autour d'un drapeau tricolore fleurdelisé, déchiqueté par les balles; à

LES ENROLEMENTS VOLONTAIRES

LA PATRIE EN DANGER. — 22 JUILLET 1792

par VINCHON.

LA GARDE NATIONALE DE PARIS PART POUR L'ARMÉE

SEPTEMBRE 1792

par COGNIET.

APPEL DES DERNIÈRES VICTIMES DE LA TERREUR

par C. L. MULLER.

73

droite deux pièces de canon font feu contre le palais, tandis que flambent dans le fond les constructions basses de la cour. Cette scène, mouvementée et tragique, et qui n'est pas sans valeur d'exécution, a été exposée au Salon de 1793.

Une série de portraits de la Révolution ayant une valeur de documents originaux vient d'être récemment groupée. Le Mirabeau et le Lafayette de Houdon en sont les plus importants morceaux d'art. Le buste de Lafayette, en uniforme de commandant des gardes nationales, est signé et daté de 1790 (1573); l'énergique Mirabeau de marbre (4960) est anonyme, mais digne en tous points d'être rapproché des deux Mirabeau du Louvre, et nous savons d'ailleurs que l'artiste a reproduit à plusieurs reprises la tête du tribun. Un moulage du masque mortuaire de Mirabeau est exposé dans les vitrines de la salle du Jeu-de-Paume. Un vigoureux profil au pastel, fait par Bounieu en 1789, est plus intéressant, au point de vue où nous le plaçons ici, que la copie du grand tableau de Boze, représentant la réponse au marquis de Dreux-Brézé (4604). Un des plus actifs députés aux États-généraux, Adrien Duquesnoy, a été sculpté par Houdon en un admirable buste (4965). L'ensemble des œuvres citées ici du sculpteur versaillais laisse dans l'ombre, au point de vue de l'art, son Washington de marbre (630), destiné, en l'an IX, à la galerie des Consuls aux Tuileries.

Le plus fécond portraitiste de l'époque révolutionnaire, Ducreux, nous présente un très beau pastel du procureur de la Commune, Manuel, en habit noir s'ouvrant sur un jabot de dentelle blanche (nouv. acq.). Bailly a posé de

face pour une étude à l'huile, de facture serrée, qu'on a
voulu attribuer à David. Barère a été bien partagé : l'un de
ses portraits, signé de David en 1790, est un profil ferme-
ment étudié pour le tableau projeté du Serment du Jeu-de-
Paume (4607) ; l'autre, dans la manière de Prudhon,
indique surtout le caractère de « l'Anacréon de la guillo-
tine » (4608). Un assez bon portrait de Fabre d'Églantine
reste jusqu'à présent sans attribution (4611), ainsi qu'un plus
médiocre de Pétion et un dessin représentant Robespierre
de profil et provenant du cabinet Boze. Deux conven-
tionnels, Delaunay et Robert, député de Paris (4609,
4612), ont été peints par Laneuville. Le député noir de
Saint-Domingue, J.-B. Belley, a fourni à Girodet le
sujet d'un de ses premiers tableaux exposés, daté de
l'an V (4616) ; il est debout, tenant son chapeau de représentant de la main gauche et appuyant le bras droit sur un
socle où se trouve le buste de Raynal. Letourneur a été
peint par Desoria, également en l'an V, dans son grand
costume de membre du Directoire (4617), pompeuse toile,
d'un médiocre pinceau, faite pour faire valoir le costume
dessiné par David. Un autre directeur, La Reveillère-
Lépeaux, a été mieux inspiré en demandant à Gérard un
portrait sérieux et simple, dont l'esquisse (4854) est datée
de 1797.

Charlotte Corday et Mme Roland ont au Musée de Versailles leur plus importante image. Heinsius a peint en
1792 l'amie des Girondins, entourant d'abondants cheveux bouclés son visage d'une grâce provocante (4614).
Le contraste est complet avec le portrait de Charlotte, où la grâce à la fois impérieuse et suave du modèle

MADAME ROLAND

par HEINSIUS.

75

CHARLOTTE CORDAY

PEINTE A LA CONCIERGERIE.

par HAUER.

transparaît malgré l'insuffisance du peintre (4615). L'histoire de l'œuvre en atteste l'authenticité : Hauer, officier dans la section du Théâtre-Français, s'était rendu au tribunal révolutionnaire pour peindre Charlotte Corday, et avait commencé son travail pendant le jugement ; autorisé ensuite à pénétrer dans la pièce où elle attendait son exécution, il obtint d'elle une séance suprême, à laquelle elle se prêta avec une parfaite liberté d'esprit, lui donnant en remerciement une mèche de ses cheveux. La tête seule fut peinte en présence du modèle ; l'artiste racontait qu'il avait vu le bourreau jeter sur ses épaules le manteau rouge et c'est avec ce manteau qu'il termina le portrait. Cette partie a été repeinte, et c'est vêtue de blanc que Charlotte Corday se présente à nous, avec ses yeux bleus mélancoliques et ses cheveux blonds cendrés. David, pour sa « Mort de Marat », s'est servi d'un dessin pris par lui devant le cadavre de son ami (nouv. acq.). C'est une étude, à la plume et très poussée, de la tête qui se présente de face, un peu rejetée en arrière et inclinée vers la droite ; les yeux sont à demi clos, la bouche entrouverte ; un foulard noué sur le front laisse passer des mèches de cheveux. Ce dessin, d'aspect pénible, porte l'inscription : *A Marat l'ami du peuple, David*.

Le « portrait du citoyen Méhul, inspecteur du conservatoire de musique », qui figura au Salon de 1795, est un des meilleurs pastels de Ducreux (nouv. acq.) ; les cheveux gris du musicien flottent sur les épaules ; il est vêtu d'une haute redingote vert olive, s'ouvrant sur un gilet paille à raies brunes, et porte une cravate blanche bouffante. Peu d'artistes sont à mentionner avec lui. Un Rouget de Lisle peint à soixante-quinze ans, en un pastel de Voïart (5070), ne rappelle en rien le capitaine du génie qui composa la *Marseillaise*. Deux portraits de Girodet et de Gros, ne donnant que la tête, datent de leur jeunesse (4642, 4643); ce sont vraisemblablement des œuvres de camarades de l'atelier de David. Une étude de Gros en cheveux longs, par lui-même, léguée par sa veuve, a été peinte en Italie (4786). L'esquisse du portrait du Louvre, Isabey accompagné de sa fille (4853), datée de 1796, est la plus ancienne pièce de la précieuse série d'esquisses de Gérard où figurent tant de personnages notables jusqu'à la fin de la Restauration. Nous y trouvons, à côté des généraux du Consulat et de l'Empire, des princes et des diplomates français et étrangers, la plus gracieuse suite des beautés féminines de leur temps, et parmi elles Mme Récamier. Mais une œuvre, où l'attrait d'art est moindre que dans les célèbres portraits de David et de Gérard, nous montré l'intéressante femme à une époque bien moins connue de sa vie; c'est le tableau peint par Mme Morin en 1799, et que Mme Récamier avait toujours conservé chez elle (nouv. acq.); elle s'y montre debout dans un paysage, vêtue d'une tunique blanche découvrant la poitrine et les bras, la joue appuyée sur la main droite, le coquet regard sous les noirs cheveux frisés démentant l'attitude rêveuse.

Les héros des armées de la République manquent à Versailles de portraits originaux d'ailleurs fort difficiles à retrouver. On ne peut compter pour tels, par exemple, les statues de marbre exposées aux Salons de l'époque impériale, Custine par Moitte (1578), Dugommier par Chaudet (1580), Joubert par Stouf (1583). La statue à la romaine de Hoche

MADAME RÉCAMIER

par Mme MORIN.

MÉHUL

par Ducreux.

par Milhomme (1584), faite à Rome en 1808 pour le premier
monument élevé par la ville de Versailles, n'est guère plus
autorisée, au point de vue iconographique, que le buste de
Dampierre exécuté en l'an IX par Foucou (4943) ; l'esquisse
du portrait de Hoche par Gérard (4936) offre aussi moins d'intérêt que celle du général Moreau, qu'il a pu du moins camper
d'après nature (4857). En dehors des portraits composés
de la salle de 1792, le Musée n'a qu'un Carnot de 1814,
alors qu'il possède trois Pichegru : une assez bonne
peinture anonyme (4622), un buste fait par Masson en 1797
(5048), et une statue de marbre de Cartellier (1595). Il
faut ajouter le tableau de Charles Thévenin, qui a peint en
1796 un Augereau sur le pont d'Arcole, lancé en avant
dans une attitude violente, tandis que le jeune tambour
essaie de retenir les basques de sa tunique (1482).

Les campagnes de 1796 et 1797 en Italie peuvent être sui-
vies, presque combat par combat et siège par siège, dans
les plus anciennes aquarelles de Bagetti, capitaine ingénieur-
géographe, dont l'importante suite stratégique, si minutieuse et si instructive, que conserve en grande partie le
Musée, a été terminée et gravée par les soins du Dépôt de la
Guerre. Une autre série de dessins originaux relatifs à ces
campagnes est entrée récemment à Versailles ; ce sont des
paysages et des compositions militaires exécutés, sous la
direction de Denon, par Carle Vernet, Bourgeois, Debret,
Lecomte, Martinet, Meynier, Rœhn, Taunay, Zix, précieuse
collection pour les historiens.

Les mêmes campagnes ont inspiré, quelques années plus
tard, mais pour célébrer la gloire de Napoléon devenu
empereur, un grand nombre de toiles gardant, par les por-

traits qui y sont introduits, par les costumes, par le caractère
de la composition, une valeur documentaire assez sérieuse.
Une des plus considérables est celle où Guillon-Lethière a
donné à Bonaparte un geste si fier devant les mandataires
de l'Autriche signant les préliminaires de Léoben (1493) ;
elle a paru au Salon de 1806, où le trop fécond Hippolyte
Lecomte exposait un de ses premiers tableaux d'histoire, un
épisode d'août 1796, des chaloupes canonnières en croisière
sur le lac de Garde faisant feu sur la voiture de Joséphine
(1479). Pendant la période républicaine, les artistes
ne suivaient pas régulièrement l'armée comme ils le firent
plus tard ; bien peu, par conséquent, ont vu les faits qu'ils
ont eu à peindre. Bacler d'Albe, qui devint chef du bureau
topographique de l'Empereur et général, est du nombre
de ces témoins oculaires, plus fidèlement informés que les
peintres chargés de commandes rétrospectives ; il date du
champ de bataille de Rivoli et du 25 nivôse an V la
petite toile où il représente cette victoire (1680). La même
confiance nous est inspirée par sa Bataille d'Arcole, peinte
plusieurs années après, et dont la vue, prise du quartier-géné-
ral de Bonaparte sur la rive droite de l'Adige, permet de se
rendre compte du détail stratégique de la journée (1483). On
trouve un intérêt du même genre en quelques œuvres du
général Lejeune, telles que ce premier passage du Rhin, dirigé
par Jourdan, le 6 septembre 1795 ; Lejeune, qui avait pris
part à l'opération comme officier du génie, la peignit en 1824
d'après ses dessins et ses souvenirs. Les œuvres de Boguet,
qui vécut à Rome, sont moins des scènes militaires que des
paysages rappelant le théâtre des campagnes d'Italie. L'armée de Championnet, entrant à Naples le 21 janvier 1799, a

JOUBERT

GÉNÉRAL EN CHEF DES ARMÉES DE MAYENCE ET D'ITALIE

par Bouchot.

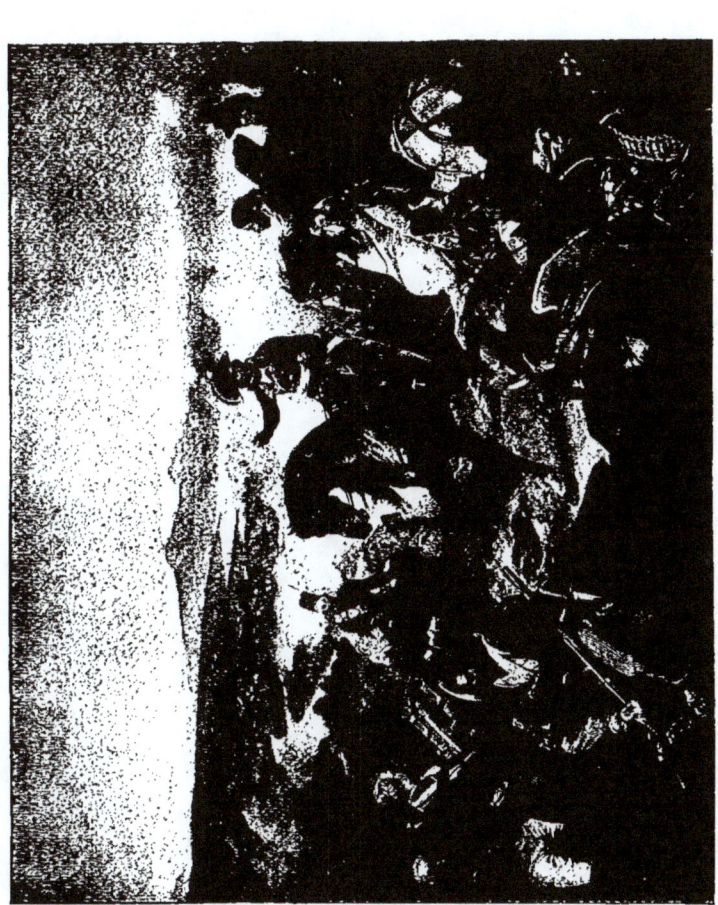

BATAILLE DE ZURICH

25 SEPTEMBRE 1799

par BOUCHOT.

fourni au toulonnais Taurel le sujet d'un tableau de genre
(1495), dont le seul intérêt est d'avoir paru au Salon de la
même année.

Les curieux qui s'occupent de la campagne d'Égypte ne
négligeront pas les grands morceaux classiques de Gros,
Girodet, Guérin : Bonaparte haranguant l'armée avant la
bataille des Pyramides, la Révolte du Caire, Bonaparte faisant grâce aux révoltés, et cette vaste bataille d'Aboukir,
que Murat avait lui-même commandée à Gros. Ces toiles et
quelques autres moins importantes, toutes exécutées sous
l'Empire, renferment nombre de portraits. Mais on portera
plus d'intérêt aux fusains tout à fait soignés que Dutertre a
faits d'une trentaine de généraux de l'armée d'Orient. Les
dessins, où les figures sont en pied, se présentent dans un
état d'avancement fort inégal ; pour plusieurs la tête seule est
achevée, et quatre ou cinq à peine montrent ce que l'artiste,
membre de l'Institut d'Égypte, avait projeté de faire pour
l'ensemble. Parmi les morceaux terminés et complètement préparés pour la gravure, on trouve (outre un général anonyme qui doit être Berthier, 2464), deux des
principaux chefs de l'expédition, un Kléber, dessin à
la pierre noire et lavé (2449), et un Desaix, dessiné
sur un fond de ville égyptienne (2441), pouvant être
rapproché avec avantage du portrait à l'huile, d'allure
sentimentale, où Appiani a voulu peindre surtout « le sultan
juste » (5058). Bonaparte manque à cette collection ; mais
Dutertre a dessiné et gravé à l'eau-forte une autre série
beaucoup plus nombreuse de portraits de l'expédition
d'Égypte, tous en simple tête de profil ; l'original du Bonaparte de cette seconde série est à Versailles ; c'est un petit

dessin à la mine de plomb que l'artiste dit avoir fait « d'après nature, sur le vaisseau l'*Orient*, dans la traversée de l'expédition d'Égypte en l'an VII de la République » (nouv. acq.). Ce profil du général en chef est identique à celui qu'offre le vigoureux buste de Corbet, dont l'exemplaire de Versailles (5045), daté de l'an VIII, drape déjà sur les épaules du vainqueur des Pyramides le manteau du Premier Consul.

CONSULAT ET EMPIRE

A partir de l'époque napoléonienne, le lecteur n'a plus le même besoin d'être guidé au milieu des collections de Versailles. Les attributions artistiques et iconographiques sont presque toujours hors de discussion ; les œuvres de chaque période sont réunies par séries chronologiques d'accès facile · et dont le classement ancien est, dans l'ensemble, assez satisfaisant. Les œuvres tout à fait contemporaines sont disposées encore de façon provisoire en attendant l'aménagement de nouveaux locaux.

La suite des grands tableaux rappelant les scènes militaires ou civiles du Consulat et de l'Empire est une des plus étendues du Musée. Ils prennent un intérêt particulier, si l'on sait que c'est sur l'ordre de Napoléon qu'ils ont été presque tous exécutés. Non seulement l'Empereur en a décidé personnellement la commande, mais nous savons encore qu'il a choisi lui-même tel épisode de bataille, désigné telle attitude d'entrevue ou de harangue. Jamais l'art officiel n'a reflété plus directement que sous Napoléon la pensée du

LE PREMIER CONSUL FRANCHISSANT LES ALPES

par David.

BONAPARTE PREMIER CONSUL

par GREUZE.

souverain. Aussi les œuvres de ce temps, centralisées aujour-
d'hui à Versailles, prennent-elles une grande valeur de
document sur l'esprit et les tendances du régime.

Ce sont aussi de vivantes pages d'histoire militaire, riches
en renseignements sur le costume, les habitudes, les sentiments de l'armée qui fit le tour de l'Europe. La voici déjà,
la Grande-Armée, traînant ses canons dans la neige et gra-
vissant les dernières pentes du Grand-Saint-Bernard, dans
le paysage étudié sur place par Charles Thévenin (1566); le
Premier Consul à pied, entouré de son état-major, fait le
centre du tableau et montre aux soldats le sommet du passage, tandis qu'au premier plan Marmont dirige les difficiles
opérations de ses canonniers. Cette large toile, exposée au
Salon de 1806, met en relief l'ardeur et l'endurance de
ces foules héroïques. La Bataille de Marengo, le plus important tableau militaire de Carle Vernet (1568), les montre
dans le feu de l'action, en une vaste composition où l'action
stratégique est clairement expliquée, au moment où Desaix
attaque en tête la colonne des grenadiers hongrois, tandis
que la cavalerie de Kellermann la prend par le flanc et la
traverse. C'est enfin l'âme même du soldat français d'alors qui
se révèle dans les tableaux, pompeux et naïfs à la fois, de
Charles Meynier (1547, 1746), lorsque le maréchal Ney remet
aux hommes du 76ᵉ de ligne, émus, pleurant et les serrant sur
leur cœur, leurs drapeaux retrouvés dans l'arsenal d'Inns-
brück, ou lorsque les blessés de l'île Lobau s'échappent des
mains qui les pansent pour acclamer, à son passage, Napoléon.

Quelle que soit la beauté du personnage impérial dans la
« Distribution des aigles » et la majesté du geste presque hié-

ratique qui soulève le manteau semé d'abeilles, le véritable
intérêt de l'œuvre fameuse de David est peut-être dans le
groupe de colonels et porte-enseignes des divers corps de
l'armée, qui se précipitent, les drapeaux levés, pour prêter
serment à l'Empereur (2278). Il reste dans la composition présente une obscurité qui la rend moins parfaite que son pendant, si noblement équilibré, qui est le
tableau du « Couronnement » ; c'est le mouvement des maréchaux, debout au pied de l'estrade de la cour et levant vers
le ciel leurs regards et leurs bras. Il y avait dans le tableau
primitif, comme on le voit par un dessin du Louvre, des
victoires ailées apportant des couronnes et planant sur la
droite du tableau. Les figures de ce genre abondent à
Versailles même, dans les toiles de Callet (1700, 1708,
1712 et plafond de la salle 140). C'est vers ces victoires
que regardaient les maréchaux, alors que les ardents hom-
mages de l'armée allaient directement à l'homme qui, pour
elle, personnifiait la Victoire. L'allégorie avait été sûrement
concertée entre le souverain et l'artiste, qui a su faire entrer
à degré égal dans cette magnifique page l'histoire et la
légende.

L'armée tient encore la principale place dans quelques
toiles officielles de la période impériale, par exemple dans
le saisissant tableau de Bacler d'Albe, aussi vivant qu'une
page de Marbot, qui nous fait voir comme il l'a vue, l'illu-
mination spontanée du camp français le soir d'Austerlitz
(1710), la destruction de la colonne commémorative de
Rosbach, peinte par Vafflard (1720), l'hôpital militaire
franco-russe de Marienbourg, par Roehn (1727), l'entrée de
la garde impériale à Paris par la barrière de la Villette,

SERMENT DE L'ARMÉE APRÈS LA DISTRIBUTION DES AIGLES
5 décembre 1804

par David.

après la campagne de Prusse (1732), et une dramatique marche en Espagne, la traversée des défilés de la Sierra-Guadarrama, par Taunay (1735), l'assaut de Ratisbonne, de Thévenin (1740), le passage nocturne du Danube, de Hue (1743), etc. Quelque instructif que soit cet ensemble d'œuvres peintes, on leur préférera à certains égards les dessins provenant de Denon et de ses collaborateurs, sur le passage du Grand-Saint-Bernard et la campagne de Marengo (nouv. acq.).

Le général Lejeune s'est complu à l'anecdote vue, au menu détail pittoresque noté dans ses albums, quand il a raconté par le pinceau, après l'avoir fait par la plume, certains épisodes de la campagne d'Espagne (combats de Chiclana, Guisando, Cavañas). Il est même telle de ses œuvres, comme sa Bataille de Marengo, où le goût des accessoires détourne l'attention des faits principaux. Le meilleur tableau du peintre-officier pourrait être cette Veille d'Austerlitz, que possède également Versailles et dont une copie avait été commandée par Joséphine ; c'est le bivouac de l'Empereur, « qui n'était autre chose qu'un feu près de sa voiture », dit l'auteur dans ses « Mémoires » ; Napoléon interroge des prisonniers ; des soldats dorment ou préparent leur repas ; des officiers se groupent pour lire des lettres de France ; tous ces détails viennent de croquis pris sur le vif. Un intérêt anecdotique et moral analogue s'attache aux aquarelles de Delécluze, sur l'entrée à Paris des blessés français et des prisonniers russes après la bataille de Montmirail (5193, 5194). Nous citerions volontiers la bataille de Wagram de Bellangé (1749), bien étudiée d'après les documents stratégiques, et

le populaire tableau d'Yvon, Ney soutenant l'arrière-garde
pendant la retraite de Russie (1941), si nous n'écartions,
dans le choix d'indications données ici, les œuvres qui
n'ont pas été conçues par les artistes sous l'impression
directe des événements. A s'en tenir aux morceaux exactement contemporains, on voit déjà que le Musée de Versailles contient l'équivalent pictural et par suite l'illustration naturelle des récits militaires publiés en si grand
nombre de nos jours.

Les commandes officielles ont surtout porté sur les
épisodes où avait paru l'Empereur en personne. Tous les
peintres de l'époque ont eu ainsi à interpréter l'auguste
figure ; bien peu l'ont fait avec bonheur, quoique beaucoup de ces grandes toiles aient eu la popularité de la
gravure. Girodet-Trioson a peint Napoléon recevant les
clefs de la ville de Vienne (1549); Carle Vernet l'a représenté donnant l'ordre avant la bataille d'Austerlitz (1550);
Gros, dans son entrevue avec François II après cette
victoire (1551), et recevant à Tilsitt la reine de Prusse
(1555); Debret le montre « rendant hommage au courage
malheureux », à la rencontre d'un convoi de blessés autri-
chiens (1546), et décorant de sa main un soldat russe que
lui présente l'empereur Alexandre (1556); Meynier, faisant
son entrée solennelle à Berlin, suivi de ses généraux et des
chasseurs à cheval de sa garde, au milieu des acclamations
des habitants (1552); Bergeret, salué par le général Pla-
ton, hetman des Cosaques, avec une députation de l'armée
russe (1731). Un curieux tableau de Gautherot montre
le héros blessé au pied devant Ratisbonne et s'élançant sur
son cheval avant que le pansement soit terminé, pour se

83

NAPOLÉON BLESSÉ DEVANT RATISBONNE

23 AVRIL. 1809

par GAUTHEROT.

BATAILLE DE WAGRAM
6 JUILLET 1809

par HORACE VERNET.

RETRAITE DE RUSSIE

NEY SOUTIENT L'ARRIÈRE-GARDE DE LA GRANDE ARMÉE

par Yvon.

montrer sans retard à l'armée (1745). Bourgeois le fait
approcher du maréchal Lannes, blessé mortellement à
Essling (1564), et Roehn l'endort au bivouac de Wagram,
au milieu de son état-major respectueusement rangé (1744).
Vernet et Gros se sont partagé les épisodes de la capitulation de Madrid (1559, 1560). On ne peut omettre enfin
l'énorme toile que le champ de bataille d'Austerlitz a inspirée à Gérard (2765); il a choisi le moment où le général
Rapp vient annoncer la défaite de la garde impériale
russe ; mais c'est une composition militaire sans vie et sans
émotion, intéressante seulement par les portraits nombreux
qu'elle contient et parmi lesquels la froide image de Napoléon ne peut compter pour la meilleure.

Plus ou moins ressemblant, le Consul ou l'Empereur
préside aux scènes officielles des temps de paix, parmi
lesquelles mérite une mention particulière le tableau de
Monsiau, « La Consulta de la République cisalpine décerne
la présidence à Bonaparte » (1500), œuvre d'agréable disposition, où sont à remarquer surtout les petites figures
du public lyonnais qui se presse dans les tribunes;
quelques-uns des personnages se retrouvent dans la toile
de Goubaud, représentant la réception aux Tuileries en
1805 des députés de la Consulta proclamant Napoléon roi
d'Italie (1506). Aucun épisode important n'est oublié dans
les commandes. Pour la seule année 1804, par exemple,
nous trouvons, outre les deux grands David, la première
distribution des croix de la Légion d'honneur faite par
l'Empereur dans l'église des Invalides, par Debret (1504),
la cérémonie du camp de Boulogne, par Hennequin
(1502), avec une anecdote de la visite du camp, par Hue

(1704), l'entrevue de Napoléon et de Pie VII dans la forêt de Fontainebleau, par Demarne et Dunouy (1706), enfin, de Serangeli, la réception des députations de l'armée au Louvre, après le couronnement, dans une des salles du Musée des Antiques (1505). Les petites compositions de Swebach, sur les vases de Sèvres de la grande salle des gardes, n'ont pas moins de valeur documentaire que les toiles les plus ambitieuses ; on aurait tort de les négliger. Un dessin lavé, de Gérard, représente la signature du Concordat par le Premier Consul, et un autre, de Wicar, la même signature donnée par Pie VII (2572, 2573). Deux grands dessins à la sépia d'Isabey (2574, 2575) rappellent la visite du Premier Consul à la manufacture des frères Sévène à Rouen pendant son voyage en Normandie, et une visite analogue de l'Empereur à la manufacture d'Oberkampf, à Jouy, en 1806 ; ces deux scènes sont remplies de portraits de la cour et embellies l'une et l'autre par une gracieuse figure de Joséphine. En cette vaste histoire peinte du règne, l'anecdote sentimentale n'est point omise ; mais on traite d'ordinaire en dimensions modestes des sujets tels que Napoléon accueillant les familles polonaises à Osterode, Napoléon visitant l'infirmerie des Invalides, sa clémence envers Mlle de Saint-Simon, et aussi Napoléon au tombeau du grand Frédéric, bras croisés, tête inclinée, tel que le vainqueur d'Iéna s'est plu à se dépeindre à Ponce-Camus. Il apparaît enfin avec Joséphine au milieu d'une cour égayée de portraits féminins et de brillants costumes, en des tableaux comme celui de Ménageot, représentant le mariage d'Eugène de Beauharnais et de la princesse Amélie de Bavière, à Munich (1716), et celui où J.-B. Regnault a

NAPOLÉON 1er

par Robert Lefévre.

peint, avec des personnages grandeur nature, la signature
du contrat de mariage de Jérôme Bonaparte et de la princesse de Wurtemberg, dans la galerie de Diane aux Tuileries (1558). Une des rares grandes toiles où Napoléon ne
figure pas est celle du même Regnault, « le Sénat recevant les drapeaux pris dans la campagne d'Autriche »
(1715) ; c'est le prince Joseph, archichancelier de l'Empire,
qui préside la cérémonie ; mais le vainqueur n'est-il pas
présent dans les témoignages étalés de ses triomphes ?

Versailles possède, si toutefois il est bien authentique,
le plus ancien portrait de Napoléon, un dessin qui a figuré
au Musée des Souverains. C'est un profil naïf crayonné à
Tournon pendant le séjour du jeune officier au régiment de
La Fère, fort différent de celui que Dutertre a fait treize ans
plus tard et dont il a été parlé ci-dessus. Le premier Consul est peint assez étrangement par Greuze (4634 ; la toile
de Versailles n'est qu'une réplique), debout, en habit
rouge galonné d'or, près d'un bureau où s'étalent des
papiers. Malingre, de mine souffreteuse et timide, il rappelle bien peu le type énergique, à l'œil, au front, au menton volontaires, que nous montre le buste de Corbet, et
qu'une toile anonyme et fort intéressante reproduit, dans
l'attitude même du tableau, mais cette fois avec toute la
décision et la fermeté traditionnelles (4633).

L'Empereur, conquérant et législateur, nous apparaît
dans les toiles solennelles de Robert Lefèvre et de Gérard.
Lefèvre a peint en 1806 le César français debout près de la
table où sont posés des livres, les Commentaires du premier
César, son modèle, et les Grands hommes de Plutarque

(4698). Il l'a peint de nouveau en 1811, couvert du manteau de velours semé d'abeilles d'or, couronne en tête, sceptre en main, ayant près de lui le globe et la main de justice (5134 ; 720, 2280, répliques). C'est dans le même luxe de vêtements lourds et somptueux, dans la même attitude, debout comme pour une proclamation devant le massif trône doré, que nous le montre Gérard (nouv. acq.).

Les images sculptées de Napoléon sont nombreuses à Versailles, mais de petite importance iconographique, en dehors du buste de Corbet. Le Napoléon Bonaparte, élève de l'école de Brienne en 1784, avec son air rêveur sous ses longs cheveux, est une jolie invention du sculpteur Louis Rochet, pour un marbre exposé au Salon de 1853, et dont Versailles a le plâtre original (5133) ainsi qu'une réplique en argent (nouv. acq.). Les bustes en marbre, par Houdon (1518), par Bosio (1519), par Bartolini (1599), la grande statue en marbre par Rutchiel (1464) sont des œuvres assez banales, qui gardent la solennité froide de commandes officielles. Une statue de plomb, de Bosio, placée sur la terrasse à l'extrémité droite de l'Aile du midi, offre plus d'intérêt ; Napoléon y est représenté lauré et en manteau impérial, tenant un long sceptre de la main droite et son épée de la gauche ; cette statue était destinée à être placée dans le char qui surmonte l'arc de triomphe du Carrousel. On peut citer encore une statue de bronze par Émile Seurre : c'est le Petit Caporal, avec le chapeau classique et la longue redingote, l'empereur populaire et légendaire, chanté par Béranger, dessiné par Raffet ; le bronze de Versailles est une réduction de la statue que porte la colonne de la

NAPOLÉON

BRONZE

par SEURRE.

L'IMPÉRATRICE JOSÉPHINE

par GÉRARD.

L'IMPÉRATRICE MARIE-LOUISE ET LE ROI DE ROME

par GÉRARD.

place Vendôme (1520). Enfin il faut bien indiquer que le Napoléon le plus connu peut-être du Musée est celui que le sculpteur tessinois Vincenzo Vela envoya en 1867 à l'Exposition Universelle, le Napoléon mourant (5046), affaissé dans un fauteuil, les mains abandonnées, le regard d'une infinie tristesse; marbre d'un beau travail et d'une poignante expression.

Les deux impératrices ont ici de beaux portraits. Joséphine a été peinte plusieurs fois par Gérard. Deux petites études (4860, 4873) rappellent les tableaux de 1802 et de 1807, qui ne sont pas au Musée. Mais des portraits en buste (4699, 5135) nous la montrent en grand costume, de même qu'une peinture médiocre par Dedreux-Dorcy (2281), et une toile de Lethière, datée de 1807, où elle trône, d'aspect douloureux et cruel, dans sa robe blanche décolletée que recouvre le manteau impérial (4700). Un buste de Houdon, daté de 1808, nous rapproche de l'année du divorce (1521), et il faut citer encore une statue curieuse, imitée de l'antique, sans signature ni date, qui nous la présente en muse couronnée de fleurs, chaussée de cothurnes, et retenant de la main les plis de son manteau (4953).

Marie-Louise a un buste de marbre (1523), signé Spalla, qui appartient à l'année de son mariage; un portrait insignifiant par Dedreux-Dorcy (2282), un autre, solennel (4701), qui est une bonne copie par Paulin Guérin d'une peinture d'apparat de Gérard; et surtout une toile importante du même Gérard (dont on peut voir une réduction dans la petite étude 4904) qui la représente debout et soulevant le roi de Rome de son berceau (4703). Viennent

ensuite de très amusants petits tableaux, par Menjaud, qui
nous montrent le couple impérial dans l'intimité de la
famille : en 1810, la nouvelle mariée peignant l'empereur,
qui pose debout, appuyé à un fauteuil (4702) ; en 1812,
l'empereur assis près de Marie-Louise, et tenant le roi de
Rome dans ses bras (4705). A rapprocher de ce dernier
tableau, l'ingénieuse peinture de Joseph Franque, exécutée
aussi en 1812, où l'on voit Marie-Louise, en madone de
Raphaël, écarter le voile qui cache le roi de Rome
endormi (4704). Une grande composition de même date,
par Rouget, réunit de grands dignitaires, Regnaud de
Saint-Jean d'Angely, Cambacérès, le cardinal Fesch, autour
de l'Empereur triomphant qui leur présente son héritier ;
l'enfant est aux mains de la comtesse de Montesquiou, sa
gouvernante, et l'impératrice, assistée de dames d'honneur,
se redresse sur son lit (4706). Ailleurs, dans un joli portrait
ovale de Gérard (4707), c'est le petit roi de Rome, tout
éveillé et florissant, qui nous sourit. Un portrait daté de
1819, par Krafft, représente le duc de Reichstadt, âgé de
huit ans, dans les jardins de Schœnbrunn.

Autour de l'Empereur se groupe sa famille, dynasties de
rois et de reines créées par sa volonté. D'abord Madame
Mère, Maria-Lœtitia Bonaparte, que deux toiles presque identiques de Gérard (4558, 5132), la première d'un travail plus
doux, plus enveloppé et vraiment beau, nous présentent
assise et méditant auprès du buste de son fils ; Joseph
Bonaparte, frère aîné de Napoléon, roi de Naples, puis
d'Espagne, nous apparaît en costume de colonel des grenadiers de la garde dans une grande peinture de Wicar
(5136), datée de 1808. Sa femme, Marie-Julie Clary, a été

LE ROI DE ROME

par Gérard.

MADAME LÆTITIA BONAPARTE

MÈRE DE NAPOLÉON Iᵉʳ

par GÉRARD.

JÉROME BONAPARTE, ROI DE WESTPHALIE

par Gros.

peinte par Robert Lefèvre en 1807, tenant par la main sa
fille aînée (4714); Lucien Bonaparte, prince de Canino, a
un portrait et un buste (4635, 1528); Louis Bonaparte, roi
de Hollande, un buste et une statue par Cartellier, datés
l'un de 1808, l'autre de 1810 (1530, 1529), et un portrait
en pied, où il est accompagné de son second fils, Louis
Napoléon (5138); Hortense-Eugénie, sa femme, la mère de
Napoléon III, une statue d'Émile Chatrousse (1531) où figure
près d'elle son troisième fils, le futur empereur, et deux
petits portraits de Gérard (4876, 4885); Jérôme Bonaparte,
roi de Westphalie, plusieurs portraits. Le voici d'abord
à cheval, très magnifique sous sa toque à longue plume et
son manteau chamarré d'or (4708, peinture de Gros, exposée au Salon de 1808); puis en pied, dans la petite esquisse
de Gérard, datant de 1811 (4895), et dans une toile de
Kinson (4709). Un tableau fort amusant du même Kinson
le réunit à la reine de Westphalie dans les jardins de
Wilhemshoehe : le roi en culotte et habits blancs, accoudé
sur un socle de marbre, avec son sabre, tandis que la
reine, assise, en robe décolletée, un petit chien noir à ses
pieds, le regarde tendrement (5137). Deux esquisses
de Gérard (4896, 4905) nous montrent la reine de Westphalie en 1811 et 1813.

Les trois sœurs de Napoléon, si souvent peintes ou
sculptées par les artistes officiels, ont à Versailles d'excellents portraits. Marie-Anne Élisa, qui épousa le grand-duc
de Toscane, Félix Bacciocchi (1537, buste en marbre), a
été peinte par Lethière en 1806 (4710); un groupe en
marbre la représente avec sa fille Napoléone Élisa, la
comtesse Camerata (1539). Marie-Pauline, la célèbre Pau-

line Borghèse, est assise, très décolletée, dans une étroite robe de satin blanc à broderies vert et or qui ajoute à l'étrangeté cruelle de son regard (5140 ; ce curieux portrait, signé *La Ville Le Roulx, femme Benoist 1808*, a été catalogué à tort comme étant d'Élisa Bonaparte) ; elle n'est pas moins inquiétante, sous le bandeau blanc qui lui serre le front, dans une peinture en buste, de 1806, par Robert Lefèvre, et dans une grande toile de caractère officiel, par le même (4711). Son mari, Camille Borghèse, duc de Guastalla, a été peint par Gérard en 1810 (esquisse, 4889). Marie-Annonciade-Caroline, reine de Naples, nous apparaît en petite bourgeoise très simple, tenant par la main sa fille aînée, Marie-Lætitia-Josèphe, la future comtesse Pepoli, dans une toile de 1807, une des dernières œuvres de Mme Vigée-Lebrun (4712). C'est la même enfant que Mme Chaudet nous montre naïvement, en 1806, soulevant un lourd buste de Napoléon (4713). Le beau-frère de l'Empereur, Joachim Murat, roi de Naples, est superbe dans les portraits de Gérard (1114, et 4858, 4868, 4903, esquisses des portraits de 1801, 1805 et 1812), et dans une statue de Lemot, qui figura au Salon de 1810 (1543). Le fils adoptif de l'Empereur, Eugène de Beauharnais, vice-roi d'Italie, a comme portraits authentiques à Versailles un buste de Comolli (1535), daté de 1809, et une esquisse peinte de Gérard, de 1810 (4892) ; sa femme, Auguste-Amélie de Bavière, une esquisse peinte de Gérard (4893).

Parmi les ministres, voici Régnier, duc de Massa, peint par Lefèvre en 1808 (4720) ; Champagny, duc de Cadore (4721) ; Crétet, comte de Champmol (4722) ; Bachasson de Montalivet, par Regnault, en 1810 (4723) ; Barbé-Marbois

MARIE-PAULINE BONAPARTE

PRINCESSE BORGHÈSE

par ROBERT LEFÈVRE.

94

JOACHIM MURAT

MARÉCHAL DE FRANCE, ROI DE NAPLES

par Gérard.

(4724); Lacuée, comte de Cessac, par Riesener (4726); Daru, par Gros (4727); Decrès (4728); Portalis, par Gautherot (4729); Collin, comte de Sussy, par Riesener (4730); Savary, duc de Rovigo, par Robert Lefèvre, en 1814 (4731); Fouché, par Dubufe (nouv. acq.). Des statues de Cambacérès, par Roland (1630), de Lebrun, par Masson (1631), de Portalis, par Deseine (1632), et les petites esquisses des portraits de Talleyrand et de Regnaud de Saint-Jean d'Angely, par Gérard, en 1807 et 1808 (4875, 4879), s'ajoutent à la série.

Les portraits de Laplace, par Paulin Guérin (4733), et de Monge (4734), les bustes de Chaptal (866) et de Lagrange (1639), prennent place auprès des savants et littérateurs, Fourcroy, par Gérard (4626), Lalande, par Ducreux (4727), Laromiguière, par Bréa (4828), et des artistes, Fontaine et Percier (4832, 3015), les grands architectes de l'Empire, Gérard, élégant et intelligent dans une esquisse attribuée à Lawrence, mais qui semble plutôt une copie de ce peintre (4830). Un tableau de Vincent, en 1801, nous montre Boyer-Fonfrède dans son intérieur de famille, selon les conventions sentimentales de l'époque (4788). Les portraits des chanteurs Elleviou et Juliet, par Riesener (nouv. acq.), méritent d'être cités.

C'est dans les salles dites des Maréchaux, au rez-de-chaussée du Musée, que l'on trouvera réunis les portraits, quelquefois excellents, des hommes les plus illustres de l'époque héroïque. Berthier, peint en 1808 par le fils du sculpteur Pajou (1113); Murat, par Gérard (1114); Moncey, par Barbier-Walbonne (1115); Jourdan et Masséna (1127, 1128); Augereau, par Robert Lefèvre (1129); Bernadotte, par Kinson (1130), et par Gros, en un excellent portrait en buste (nouv. acq.); Soult, Brune, Ney, Davoust, Bessières, Kellermann (1131, 1132, 1135-38), dont les portraits reproduisent des toiles jadis conservées aux Tuileries; Lannes, Mortier (1133-34); Lefebvre, par Mme Davin, en 1807 (1139); Pérignon, Sérurier (1140-41); le duc de Bellune, par Gros (1155); Macdonald (1156); Oudinot, par Robert Lefèvre (1157); Marmont et Suchet, par Paulin Guérin (1158-59); Gouvion Saint-Cyr et Molitor, par Horace Vernet (1160, 1167); Maison, Duperré (1168-69)); c'est, en des salles pareilles, un défilé ininterrompu des gloires militaires du premier Empire. Ailleurs voici encore les portraits des lieutenants généraux Berckheim, Castex, Dumas, Lemarois, Mouton-Duvernet, Sorbier, des généraux Franceschi et Romeuf, par Mme Desnos (4739, 4744, 4753, 4762, 4767, 4776, 4756 et 4774); de Duroc, par Gros (4719); du comte Delaborde, par Pinchon (4749); d'Eblé et de Songis, par Paulin Guérin (4754, 4775); de Huber, par Delaval (4760); de Tharreau, par Robert Lefèvre (4778), de Schramm, par Bernauer, et de Dahlmann, par Grégorius (nouv. acq.).

Peu de peintures à citer dans la série des souverains et personnages étrangers : une réplique ancienne (4789) du portrait de Pie VII, ce chef-d'œuvre de David (à rapprocher d'un buste en marbre de Canova, 617), des portraits de François Ier d'Autriche (4628) et d'Alexandre Ier de Russie (4887, 4906, 4907, esquisses de Gérard), de Frédéric-Auguste de Saxe (4882, également par Gérard), enfin les très gracieuses figures du comte et de la comtesse de Frise (4864), des princesses Grassalcovich et de Mecklembourg-Strélitz (4870 et 4899), des comtesses Strazinska, Walewska

SUCHET, DUC D'ALBUFÉRA

par PAULIN GUÉRIN.

DUROC, DUC DE FRIOUL

par Gros.

et Zamoïska (4862, 4898, 4869), qui accompagnent harmonieusement, dans la délicate série des petites études de Gérard, les exquis portraits de la duchesse de Bassano (4900, 4901), de la princesse de Chimay (4863), de Mme de Talleyrand (4867), de Mme Visconti (4888, réduction de la toile du Louvre).

L'histoire du règne de Louis XVIII se résume en quelques tableaux. Des dessins et des aquarelles (2586-88) représentent son Entrevue avec Madame Royale, son Arrivée à Calais, son Entrée à Paris. Une grande toile de Vinchon (1954) nous fait assister à la Séance royale pour l'ouverture des Chambres et la proclamation de la Charte; puis Gros, dans un tableau célèbre (1778), raconte avec une verve pittoresque le hâtif départ des Tuileries, la nuit du 20 mars 1815. Hippolyte Lecomte a mis une charmante précision de physionomies et de costumes dans l'Entrevue du roi avec la princesse des Deux-Siciles (4937), dont une toile de Renoux représente le mariage avec le duc de Berry (1780). Voici enfin, dans une peinture de Menjaud (5165), le dramatique récit des derniers moments du duc de Berry, assassiné le 13 février 1820. Les épisodes militaires offrent peu d'intérêt; il suffit de citer les trois tableaux peints par Delaroche en 1827 et 1828 pour glorifier la prise du Trocadéro (1787, 4803 et 4804).

C'est parmi les œuvres du xviiie siècle qu'ont été décrits les premiers bustes et portraits de Louis XVIII, qui s'appelait alors le comte de Provence, œuvres d'art gracieuses, si dissemblables des lourdes effigies de la Restauration. Un buste de 1817, par Romagnesi (1340), un autre exécuté à Rome, en 1824, par Pradier (484), un troisième en biscuit de Sèvres (4951), un modèle en plâtre de la statue demandée à Bosio pour la place du Palais-Bourbon (1360), une peinture de Paulin Guérin, en 1820 (4793), la petite esquisse de Gérard pour son grand tableau (4927), telle est sommairement l'iconographie de Louis XVIII à Versailles. Le duc d'Angoulême a une statue par Bra, de 1824 (1362), et un portrait par Kinson, de 1825 (4796). Le duc de Berry, la duchesse et ses enfants, ont été peints par Gérard en deux toiles d'apparat (4798-99), et le duc de Bordeaux au berceau, ayant près de lui sa sœur, debout sur un tabouret, inspire assez heureusement Hersent (4800). Parmi les portraits du temps, il importe surtout de citer les esquisses de Gérard représentant la duchesse de Sagan (4914), la maréchale Lannes (4917), lady Jersey (4918-19, 4931), la comtesse de Laborde (4926), le comte de Bridgewater (4925), le comte Pozzo di Borgo (4928) ; et les excellentes copies par Healy des portraits de Georges IV d'Angleterre (4655), des ministres anglais Spencer Perceval, Liverpool et Castlereagh (4658-60), des amiraux Nelson et Saint-Vincent (4661-62), de Sophie-Augusta, d'Élisabeth, de Mary et de Sophie d'Angleterre (4669-72), où éclatent la grâce et l'énergie de Lawrence, de Beeche et de Hoppner.

Un buste de Bosio (485), un autre buste en biscuit de la Manufacture de Sèvres (4952), deux grands portraits de Gérard (4794-95), voilà l'iconographie de Charles X. Une partie des peintures illustrant son règne ont été exécutées

LE DUC DE BERRY

par Gérard.

UNE LECTURE AU FOYER DE LA COMÉDIE-FRANÇAISE

par HEM.

par ordre de Louis-Philippe dans l'intention de glorifier le duc d'Orléans, et il convient de les rattacher à la grande série du règne suivant; mais la Visite à l'église Notre-Dame, par Gosse (1790), la Revue du Champ de Mars, par Horace Vernet (1797), surtout l'immense toile de Gérard, le Sacre (1792), nous renseignent abondamment sur les figures intéressantes du règne. Le tableau de Gérard est un des plus curieux documents que puisse consulter un historien. Non moins instructif et plus attrayant par sa valeur d'art, un tableau de Heim, exposé au Salon de 1847, représente Andrieux faisant une lecture au foyer de la Comédie-Française (4938). Autour du bureau de drap vert sont groupés, assis ou debout, et peints avec une merveilleuse fidélité de traits et d'expression, la plupart des écrivains de la première période romantique. Les classiques l'emportent par le nombre; les romantiques ont la tenue grave qui sied à la solennité de la réunion. Alexandre Dumas, Victor Hugo, Châteaubriand, Soulié, Vigny, Taylor, Émile Deschamps coudoient Scribe, Mélesville, Lebrun, Ancelot, Delavigne, Viennet, Népomucène Lemercier, Mme Ancelot, et les acteurs et les actrices, parmi lesquels on distingue Samson, Mlle Duchesnois et Mlle Mars. Andrieux est debout, son manuscrit en main, assisté d'Arnault et de Baour-Lormian.

RÈGNE DE LOUIS-PHILIPPE

Les journées du 28 au 31 juillet 1830, qui préparèrent l'avènement de la nouvelle monarchie, sont longuement racontées au Musée de Versailles, dont une salle même porte le nom de Salle de 1830. La Prise de l'Hôtel de Ville,

par Beaume et Mozin (5187), la Proclamation de la lieute-
nance générale du royaume, par Court (1809), l'Arrivée du
duc d'Orléans à l'Hôtel de Ville, toile immense de Larivière
(2785), la Lecture à l'Hôtel de Ville de la déclaration des
députés, par Gérard (2786), la Réception, à la barrière du
Trône, des hussards commandés par le duc de Chartres, composition d'Ary Scheffer (2787), précèdent immédiatement
le tableau de Heim, la Présentation par la Chambre des
députés au duc d'Orléans de l'acte qui l'appelle au trône et
de la Charte de 1830 (1814). Le nombre des portraits
minutieusement observés, dont l'artiste a peuplé sa toile,
est considérable. C'est avec la même minutie qu'il peint,
comme pendant exact à ce premier tableau, la Déclaration
présentée par la Chambre des pairs au duc d'Orléans
(1815). On peut voir, dans l'attique Chimay, une étude
toute chatoyante et romantique (5121) de l'ample composition d'Eugène Devéria, le Serment du roi aux Chambres.
Un tableau de Court, qui représente la Distribution des
drapeaux à la garde nationale (2789), clôt cet ensemble assez
majestueux de peintures auxquelles viennent s'ajouter des
toiles moindres de Dubois et de Gosse (1816-19). Le
tableau anecdotique de Gassies, le Bivouac de la garde
nationale dans la cour des Tuileries (5188), réunit de
vivants portraits de littérateurs et d'artistes ; l'Émeute du
5 juin 1832 est le sujet d'un tableau de Biard (1822) ;
Court représente le mariage du roi des Belges au château
de Compiègne, la même année (5122). Plusieurs toiles
sont consacrées au siège d'Anvers ; il faut citer celle d'Eugène Lami (5167), et celle plus vaste d'Horace Vernet,
datée de 1840 (2016). Un des plus curieux tableaux de l'époque

PRISE DE CONSTANTINE

13 OCTOBRE 1837

par HORACE VERNET.

est la composition, vive et franche comme une aquarelle, où Lami a raconté l'attentat de Fieschi (5169). Le caractère pittoresque des grands boulevards, le détail des maisons au long desquelles est massée la garde nationale, les costumes, les attitudes, tout est rendu avec la plus exacte fidélité.

Horace Vernet est le grand peintre, on pourrait dire l'unique peintre militaire du règne de Louis-Philippe ; sur la commande du roi, il emplit des salles entières du Musée de gigantesques tableaux bien pondérés, bien dessinés, d'une couleur terne le plus souvent. La Flotte française force l'entrée du Tage, en 1831 (2013) ; l'Armée française pénètre en Belgique (2014) ; elle occupe Ancône, en 1832 (2015) ; elle prend la citadelle d'Anvers (2016) ; tels sont les premiers épisodes où s'essaie la verve de l'ingénieux narrateur. Mais déjà commence cette magnifique campagne d'Algérie, dont il va devenir le véritable historien. La prise de Bougie, en 1833 (2017), le combat de l'Habrah, en 1835 (2018), ceux de Sickah, en 1836 (2019), et de Somah, la même année (2020), sont les préludes du dramatique récit, en trois parties, du siège de Constantine. Les trois tableaux de Vernet, exposés au Salon de 1839, excitèrent une admiration que l'on comprend aujourd'hui encore ; la conscience de l'information y égale la sûreté d'exécution. Le premier nous montre l'ennemi repoussé des hauteurs de Coudiat-Ati, le 10 octobre 1837 (2021). Au sommet d'un mamelon parsemé de tombes, où s'est retranchée l'armée française, le duc de Nemours, entouré de son état-major, entraîne la légion étrangère, qui culbute les Kabyles. La journée du 13 octobre, où la ville fut prise, occupe deux tableaux. Dans la première et la plus grande de ces toiles, nous

voyons les colonnes d'assaut se mettre en mouvement vers
la brèche que l'artillerie vient d'ouvrir ; les murs de la ville
se détachent sur le ciel bleu, et le duc de Nemours, à la
tête de sa batterie, donne le signal de l'attaque (2022).
Dans la seconde toile (2023), l'assaut est donné, les zouaves
de Lamoricière achèvent d'escalader la pente que dominent
les premières maisons, et parmi les murs qui s'écroulent
commence le corps à corps avec les Arabes.

La prise du fort de Saint-Jean-d'Ulloa, en 1838 (2024),
interrompt momentanément la série africaine ; mais le
tableau mérite l'attention par l'audace nouvelle et l'ingénio-
sité de son arrangement ; le premier plan y est presque
tout occupé par la masse de la corvette la Créole, dont on
ne voit qu'une moitié, avec le prince de Joinville debout à
l'arrière, au grand soleil. Voici, en une petite toile, le combat de l'Affroun, de l'année 1840 (2025) ; puis, dans les
vastes proportions des précédents tableaux, une des plus
habiles compositions de Vernet, l'Armée française occu-
pant le Téniah de Mouzaïa (2026), où le rude paysage de
montagnes ravinées, qui occupe tout l'horizon et masque le
ciel, conserve encore à nos yeux toute sa sauvage grandeur.
Il peut être intéressant de comparer à cette magnifique toile
une des meilleures peintures d'Hippolyte Bellangé, où la
puissance du décor est un peu sacrifiée à la clarté de l'exposition (5123).

De ce vaste cycle, le morceau le plus célèbre est sans
conteste la Prise de la Smala d'Abd-el-Kader à Taguin,
le 16 mai 1843 (2027). Cette peinture, une des plus grandes
que l'on puisse voir (elle mesure plus de vingt et un mètres
de large sur un peu moins de cinq mètres), est d'une sim-

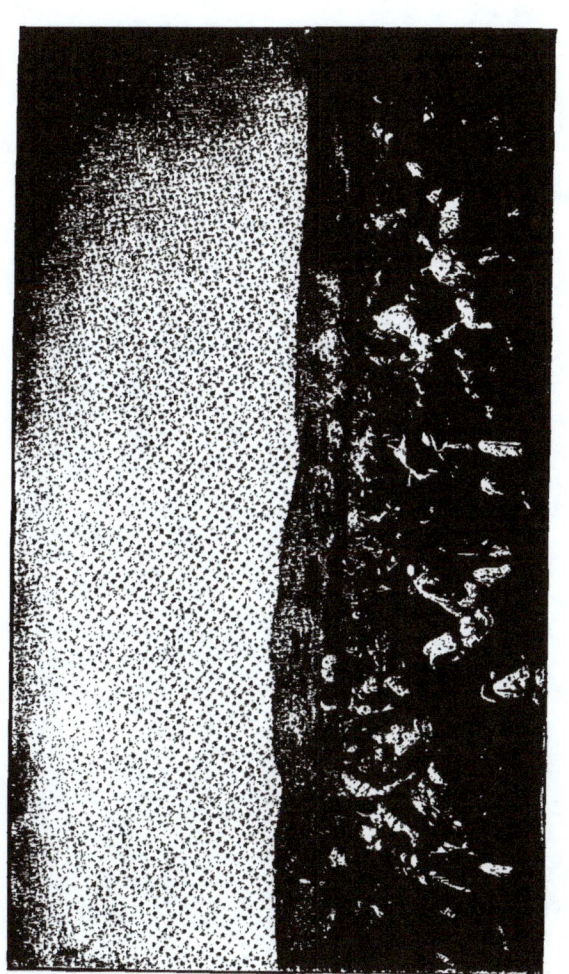

PRISE DE LA SMALA D'ABD-EL-KADER
16 MAI 1843 (DÉTAIL)

par HORACE VERNET.

plicité merveilleusement habile. Au centre, le duc d'Aumale, monté sur un cheval blanc, attire tous les regards ; il rassure du geste les Arabes qui l'implorent, tandis que les chasseurs d'Afrique, lancés au galop, jettent le désordre et l'effroi dans le camp ennemi. Rien n'a été négligé, dans ce décor si sobre et si nu, des petits détails expressifs qui appellent et concentrent l'attention. C'est une œuvre où les qualités du peintre s'effacent devant la science impeccable d'un dessinateur, d'un illustrateur de génie.

Le grand tableau, très froid, de la bataille d'Isly, en 1844 (2028), termine le récit par Vernet de la campagne d'Algérie. On pourra compléter et préciser ce récit en étudiant, aux salles des Aquarelles, toute une suite de petites compositions exécutées par Siméon Fort, Alexandre Genet et Dauzats d'après les crayons pris par des officiers de l'armée d'Afrique (2649-66). Une toile superbe de Chassériau, le Khalifat de Constantine, Ali-ben-Hamet, chef des Haractas, suivi de son escorte (nouv. acq.), fut composée en même temps que le tableau analogue et très célèbre de Delacroix, du Musée de Toulouse, dont elle fit le pendant au Salon de 1845. Restent, pour les derniers événements du règne, quelques tableaux qui méritent une mention : ainsi la belle toile d'Isabey qui a, dans ses colorations de deuil, comme un reflet des harmonies dramatiques de Turner : le Transbordement des restes de Napoléon Ier à bord de la Belle-Poule, en 1840 (5124). Deux autres tableaux d'Isabey, d'un coloris vibrant, nous montrent la reine Victoria conduite par Louis-Philippe à bord de son yacht, en rade du Tréport, le 7 septembre 1843 (5198), et Louis-Philippe débarquant à Portsmouth, le 8 octobre 1844 (5176); il ne sera pas sans intérêt de les rapprocher d'une des toiles de Gudin, représentant le roi et la famille royale à bord de la frégate l'Atalante, en rade de Cherbourg, le 3 septembre 1833 (1829). La Remise de la barrette au cardinal de Cheverus, le Baptême du duc de Chartres, par Granet (5160-61), le Baptême du comte de Paris, par Sebron (5162), ne sont pas sans intérêt pour l'iconographie du temps. Enfin deux toiles, la première d'Henry Scheffer, la seconde de Jacquand, représentant le Conseil des ministres présidé par le roi au château de Champlâtreux, en 1838 (5170), et aux Tuileries en 1842 (5163), réunissent les portraits fort exacts des ministres : ici, Molé, Montalivet, Salvandy ; là, Guizot, Duchâtel, Villemain, Soult, Duperré.

Les portraits du temps sont nombreux et d'un intérêt d'art et d'histoire que l'on ne peut négliger. Toute une salle de l'attique Chimay est consacrée aux princes d'Orléans. Dans une suite de figures en pied, de grandeur naturelle, se détachant le plus souvent sur un ciel nuageux, Winterhalter a peint le roi et sa famille. Ces tableaux consciencieux et monotones ont été exposés en partie aux Salons de 1840 à 1845. Auprès de Louis-Philippe (5108, à rapprocher d'une esquisse de Gérard, en 1831, 4935, et d'une statue de Dumont, 2669, escalier des Princes), voici la reine Marie-Amélie (5111) et Madame Adélaïde, sœur du roi (5101). Léopold Ier, roi des Belges (5107) et la reine Louise (5110), le duc et la duchesse de Nemours (5114-16 ; un autre portrait par Van Ysendik, 5145, représente le duc très jeune, l'année 1832, en costume de colonel de lanciers), le prince et la princesse de Joinville (5105-06 et 5117), le comte d'Eu (5118), le duc et la duchesse de Montpensier (5112-13),

LE DUC D'ORLÉANS

par INGRES.

LAMARTINE

par GÉRARD.

Mᵐᵉ DE MIRBEL

par CHAMPMARTIN.

l'impératrice Charlotte (5104), telle est, dans son imposant ensemble, la série dynastique peinte par Winterhalter, que semble présider, raide et correct dans sa tenue militaire, le duc d'Orléans peint par Ingres (une statue de Pradier le représente assis, 1915 ; et l'on peut voir, devant la façade de la petite Orangerie, la statue équestre en bronze, de Maro-chetti, qui avait été érigée en 1844 dans la cour du Louvre). Une grande toile de Vernet, datée de 1837, réunit Louis-Philippe et ses fils à cheval devant la grille du château de Versailles, le jour de l'inauguration du Musée.

Parmi les hommes politiques, Casimir Périer, par Mme Desnos (1808), et Guizot, par Vibert, d'après Delaroche (5150) ; parmi les maréchaux et officiers généraux, Gérard, par Larivière (1171) ; Clausel, par Champmartin (1172) ; Lobau, par Ary Scheffer (1173) ; Truguet, par Paulin Guérin (1174) ; Grouchy, par Rouillard (1175) ; Valée, par Court (1176) ; Sébastiani, par Winterhalter (1177) ; Roussin, par Larivière (1178) ; Drouet d'Erlon, par Larivière (1179, et 506, statue par Rochet) ; Bugeaud, par Larivière (1180, et 1920, statue par Dumont) ; Reille, par Larivière (1181) ; Dode de la Brunerie, par Larivière (1182, et 507, statue par Jouffroy) ; Mackau et Excelmans, par Larivière (1183-84) ; Bertrand, par Paul Delaroche (nouv. acq.) ; Lamoricière, buste par Iselin (5029), et Yusuf, buste par Crauck (4976) ; parmi les écrivains, Lamartine, par Gérard, beau portrait utilement complété par le buste de bronze dû au comte d'Osmond et légué par la nièce du poète (nouv. acq.) ; Delphine Gay, par Hersent ; Musset, par Landelle (5156) ; Vigny, buste par Cambos (4975) ; Alexandre Dumas, par Bellay (5153) ; Lacordaire, par Janmot (5152) ; Lamen-

nais, par Paulin Guérin ; l'économiste Pellegrino Rossi,
par Sigalon (nouv. acq.) ; parmi les artistes, Nepveu, l'architecte de Versailles, d'après Hersent (5081) ; Ingres (5149)
et Delacroix, d'après leurs propres portraits ; Paul Delaroche,
d'après Robert Fleury (5151) ; Horace Vernet, par Witkofsky
(5083) ; la miniaturiste Mme de Mirbel, par Champmartin
(4834) ; Rude, buste par Cabet (4970) ; Pradier, pastel de
Gigoux ; Lami, buste par Cordier ; parmi les souverains
étrangers, Grégoire XVI, par Paul Delaroche en 1844
(4835), et Pie IX, par Galofre, en 1847 (4836) ; la reine
Victoria et le prince Albert, par Winterhalter (4675-76) ;
Marie-Christine d'Espagne, par Winterhalter (4840) ; le
sultan Mahmoud, par Schlésinger (4842) ; tous ces portraits,
disséminés dans les salles de Versailles, achèvent de donner
au Musée l'empreinte du roi qui l'organisa.

RÉPUBLIQUE DE 1848 ET SECOND EMPIRE

Les quelques tableaux narrant les campagnes militaires
de la seconde République : un épisode du siège de Rome,
la Prise du bastion de la porte San-Pancrazio pendant la
nuit du 30 juin 1849, par Horace Vernet (2031), l'Assaut et
la prise de Zaatcha, par Beaucé et Rigo (1942, 1937),
n'offrent qu'un intérêt secondaire auprès des peintures
consacrées aux événements intérieurs : la Séance d'ouverture de la session du Sénat et du Corps législatif au palais
des Tuileries, le 29 mars 1852, par Muller (5002) ; la Mise
en liberté d'Abd-el-Kader, par Tissier (5030) ; puis la Ren-

PASSAGE DE L'ALMA

20 SEPTEMBRE 1854

par PILS.

PRISE DE LA TOUR DE MALAKOFF

8 SEPTEMBRE 1855

par Yvon.

trée triomphale du prince à Paris, le 16 octobre 1852, par Larivière (1944).

L'Empire est proclamé, et une nouvelle série de toiles officielles vont célébrer ses gloires militaires. La Prise de Laghouat, le 4 décembre 1852, par Beaucé (1943), et la Prise de Tiguert-Hala, le 24 mai 1857, par Decaen (1945), résument la fin de la campagne d'Algérie et l'expédition de Kabylie. L'expédition de Crimée et la campagne d'Italie sont racontées en de vastes tableaux qui occupent toute la salle 102, destinée, dans l'intention de Louis-Philippe, à commémorer la campagne de 1844, au Maroc. Le passage de l'Alma, par Pils (5014), est une des belles toiles militaires modernes, peinte dans une gamme toute lumineuse, en plein soleil ; l'Inkermann, de Gustave Doré (1959), étonne par l'invraisemblable mêlée qu'éclaire la lueur des obus. Le siège de Sébastopol, par Rigo (1962), la prise du Mamelon Vert, par Protais (1904), la bataille de Traktir, par Jumel (1967), la Prise de Sébastopol, par Jumel également (1968), nous conduisent aux trois grandes toiles d'Yvon qui sont le décor principal de la salle de Crimée (1969-71). Elles représentent, en trois épisodes distincts, la prise de la redoute de Malakoff. Mac-Mahon et Vinoy, tour à tour, dirigent les zouaves et les chasseurs à pied, qui repoussent les Russes avec des efforts inouïs ; plus loin, le général Bosquet, atteint d'un éclat de bombe, est emporté sur une civière. Le drame raconté par Yvon se précise avec une topographie minutieuse dans les vingt et un tableaux de Durand-Brager, donnant des panoramas des divers points d'attaque de Sébastopol (1972-93). Édouard Dubufe nous montre une Séance du congrès de Paris qui mit fin à la guerre, en mars 1856 (1994).

En face de Malakoff, Magenta et Solférino. Les deux grandes batailles de la campagne d'Italie ont fourni à Yvon le sujet de deux médiocres et immenses tableaux exposés au Salon de 1861 (5015-16); un autre Solférino, par Rigo, exposé au Salon de 1866, a du moins le mérite d'une topographie plus précise (5017). Une bonne peinture d'Eugène Giraud, datée de 1861, nous montre la Rentrée triomphale à Paris de l'armée d'Italie, le 14 août 1859. Trois tableaux de Cordouan et de Beaucé sont consacrés à la campagne du Mexique (5031-33); une curieuse toile de Darjou (5008) nous transporte en Algérie auprès de l'empereur en voyage, qu'acclame la tribu des Flittas. L'activité extérieure de la France est rappelée par la toile d'un témoin oculaire, Riou, représentant les fêtes de l'inauguration du canal de Suez à Ismaïlia (nouv. acq.).

C'est dans une charmante et spirituelle toile de Gérôme, datée de 1864, qu'il faut chercher la plus vivante image de la cour impériale (5004). La Réception des ambassadeurs siamois par Napoléon III au palais de Fontainebleau, le 27 juin 1861, rassemble dans la galerie de Henri II une foule de personnages notables. L'empereur et l'impératrice, entourés des officiers de la maison et des dames d'honneur, ayant près d'eux le prince impérial, sont assis sur un trône; à leurs pieds se prosternent, dans leurs éclatantes robes de soie jaune, les ministres de Siam, dont les présents sont posés sur des tables. On reconnaît, parmi les courtisans qui se pressent à côté du cortège, le maréchal Vaillant, le duc de Bassano, le comte Walewski, le général Fleury, Mérimée, Gudin, Meissonier et Gérôme. Tous ces fins portraits, nous les retrouvons grandis, et souvent

RÉCEPTION DES AMBASSADEURS SIAMOIS PAR NAPOLÉON III

AU PALAIS DE FONTAINEBLEAU, 27 JUIN 1861

par Gérôme.

moins expressifs, dans les toiles et les marbres du temps. Mais le Napoléon III, qui ouvre cette nouvelle série, est un chef-d'œuvre d'Hippolyte Flandrin (5141). En uniforme d'officier général, le ton rouge du pantalon se détachant sur le tapis vert d'une table, il se présente debout, regardant devant lui de son regard trouble et profond, merveilleusement traduit. Un grand portrait équestre, par Müller, mérite l'attention. Enfin deux dessins rapides et colorés de Carpeaux nous montrent le Cercueil et la Chapelle ardente de Chistlehurst, en 1873 (nouv. acq.). Le portrait de l'impératrice Eugénie (5142) n'est qu'une copie, très fidèle d'ailleurs, du tableau de Winterhalter qui figurait à l'Exposition Universelle de 1855. L'énergique figure du prince Napoléon, par Hébert (5143), fait pendant à la fantastique apparition de la princesse Clotilde (5144) dans sa robe de soie et de mousseline blanche à dentelle d'or ; le bleu des yeux et le châtain des cheveux répondant au ton du manteau de velours bordé de fourrures, le rouge éteint d'un rideau dans la pénombre, les roses et les verts mourants du ciel crépusculaire, font un chef-d'œuvre de cette toile d'Hébert inspirée de Ricard, dans une donnée toute baudelairienne. Un portrait somptueux de Mᵐᵉ la princesse Mathilde, par Dubufe (5145), complète cette iconographie restreinte de la famille impériale.

Il faut choisir parmi les portraits à citer : ceux de Mac-Mahon, de Bosquet, de Canrobert, par Horace Vernet (1946ᵗᵉʳ, 2000, 1999), sont les plus notables et les meilleurs de la série des maréchaux. De nombreux bustes, d'exécution banale, sont consacrés à la plupart des célébrités militaires ou politiques. Les portraits des archevêques de Paris Sibour et Darboy, de Montalembert, de Michelet,

d'après Couture, de Victor Cousin, par Mouchot, du peintre
Lanoue, par Ricard, et d'Hippolyte Flandrin, par son frère
Paul Flandrin, des bustes encore d'artistes et de littérateurs,
tels sont les souvenirs à Versailles du second Empire.

TROISIÈME RÉPUBLIQUE

La guerre franco-allemande est racontée par un petit
nombre de tableaux, dont l'un, la Bataille de Reichshoffen,
par Aimé Morot, unit à la rare conscience du travail une
expression poignante. L'artiste a représenté la charge des
cuirassiers français à Morsbronn, cette course à la mort,
dans un merveilleux élan de chevaux emportés, de cui-
rasses, de casques, d'épées qui étincellent. Des chevaux
abattus, des cavaliers morts au premier plan. A gauche,
dans un bois de sapins, la fumée rouge de la terrible fusil-
lade où tout vient s'engouffrer. Derrière le flot tourbillon-
nant qui se rue à l'assaut, les assises bleuâtres des Vosges
ferment l'horizon. La Bataille de Bapaume, par Armand-
Dumaresq, froide composition où figure le général Faid-
herbe, mérite à peine d'être mentionnée auprès du fragment
du grand panorama de Neuville et Detaille, la Bataille de
Champigny. L'épisode découpé, qui se rattache au combat
de la Plâtrière, et qui est d'Alphonse de Neuville, forme
un tableau complet et bien composé. Le fond est occupé
par une colline boisée dont les arbres sont dépouillés par
l'hiver. Au centre, une maison aux murs entamés, des
fenêtres de laquelle jaillissent les feux des fusils. Dans le
ciel, d'un gris rose, passent des fumées d'obus. Au premier

CHARGE DES CUIRASSIERS A REICHSHOFFEN

6 AOUT 1870

par Aimé Morot.

107

ÉPISODE DE LA BATAILLE DE CHAMPIGNY
COMBAT DE LA PLATRIÈRE

par A. DE NEUVILLE.

ADOLPHE THIERS

par Bonnat.

plan, une terrasse domine un chemin creux. Des soldats allemands y sont retranchés derrière des charrettes de charbon. Le capitaine adjudant Forest-Defaye vient de tomber de cheval, mortellement blessé. Deux de ses hommes s'élancent vers lui, d'autres se jettent sur les charrettes qui servent à l'ennemi de barricades improvisées. A terre, une dizaine de morts, français et allemands.

Ce n'est plus dans une peinture d'histoire, mais dans une composition à la fois symbolique et réelle, Patrie, par Georges Bertrand (salle 100), que l'on trouvera un dramatique résumé de l'Année terrible. Sous un ciel de crépuscule, rayé de nues, une troupe de cuirassiers descend une colline boueuse; deux hommes à pied et deux à cheval soutiennent en selle un officier mort, dont les mains crispées serrent sur la poitrine le drapeau déchiqueté par les balles.

La présidence de Thiers et la réorganisation de l'armée après les désastres sont rappelées par une toile de Ginain, Revue à Longchamps. Le portrait de Thiers par Bonnat (5131) est une répétition originale, datée de 1877. L'ovation faite au « Libérateur du territoire », dans la Séance de la Chambre des députés du 16 juin 1877, a fourni à Ulmann l'occasion de réunir une importante série de portraits politiques. L'année suivante, Vibert peint son Apothéose de Thiers, où il mélange d'allégories et de visions la description d'un cortège funèbre. Les portraits du général d'Aurelles de Paladine, par Nélie Jacquemart (Mᵐᵉ Ed. André), de Montalivet, par Bonnat, de Victor Hugo, par Bonnat, d'Émile Augier, par Dubufe, les médaillons de Gambetta, par Roty, et du président Carnot, par Chaplain (de Gambetta encore un beau buste en marbre par Mercié, et de Carnot un buste par Chapu), commencent une série nouvelle qui s'enrichit chaque année.

La grande toile de Roll, la Fête du Centenaire des États Généraux au bassin de Neptune, le 5 mai 1889, remplace pour le moment dans l'ancienne grande salle des gardes le Couronnement de David. Sur un ciel d'un bleu léger, mêlé de vapeurs, se profilent les grands arbres qui bordent le bassin de Neptune. Les eaux jouent et leurs gerbes blanches ressortent sur la verdure claire. Une foule immense, pressée autour du bassin, afflue au premier plan du tableau, acclamant le Président de la République, entouré de ministres, qui sourit. On reconnaît parmi la foule un grand nombre de notabilités politiques, artistiques et littéraires ; et cette peinture franche, libre, aérienne, demeure vraiment une page d'histoire et d'art. Deux tableaux, par Dumoulin et Jobert, commémorent les récentes fêtes franco-russes et nous montrent l'Escadre cuirassée du Nord à Cronstadt, l'Arrivée de l'escadre russe à Toulon. A ces œuvres d'inégale importance d'autres œuvres se réuniront bientôt, qui continueront sans arrêt, dans le Musée de Versailles, le commentaire éloquent et vivant de notre histoire contemporaine.

LE CENTENAIRE DES ÉTATS GÉNÉRAUX

CÉLÉBRÉ PAR LE PRÉSIDENT CARNOT A VERSAILLES

par ROLL.

NOMS D'ARTISTES

PEINTRES ET SCULPTEURS

Adam (les), 31.
Alaux, 42.
Allegrain (les), 39, 112.
Allou, 165.
Anguier, 152.
Appiani, 297.
Armand-Dumaresq, 380.
Arnulphy, 260.
Audran, 27, 28.
Aved, 220.

Bacler d'Albe, 292, 304.
Bagetti, 291.
Barbier-Walbonne, 341.
Bartolini, 320.
Beaubrun (Ch. et H. de), 102, 115, 121.
Beaucé, 370, 375, 376.
Beaume, 354.
Beeche, 348.
Bellangé, 271, 307, 358.
Bellay, 369.
Belle, 160, 169, 174, 181, 211, 212.
Benoist (A.), 112.
Benoist (Mme), 336.
Bergeret, 308.
Bernauer, 342.

Bernin, 105, 111.
Biard, 354.
Blanchard, 28.
Bocquet, 156.
Boilly, 265.
Boizot, 260.
Bonnat, 387.
Boguet, 292.
Bosio, 320, 348.
Bouchardon, 31, 177.
Boucher, 32, 211.
Bouchot, 42.
Bounieu, 279.
Bourdon, 74, 145, 159.
Bourgeois, 291, 313.
Bourguignon (P.), 131.
Boursault, 31.
Bouys, 160, 164.
Boyer, 220.
Boze, 259, 265, 279.
Bra, 348.
Bréa, 341.

Cabanel, 42.
Cabet, 370.
Caffiéri (J.), 24, 36.
Caffiéri (Ph.), 24, 27, 28.

Callet, 234, 259, 304.
Callot, 67.
Cambos, 369.
Canova, 342.
Carpeaux, 379.
Carrey, 160, 170.
Carteaux, 234.
Cartellier, 291, 335.
Champagne (J.-B. de), 27.
Champagne (Ph. de), 73, 141, 146, 151, 159, 163.
Champmartin, 369, 370.
Chaplain, 387.
Chapu, 388.
Chardin (Séb.), 260.
Charlet, 271.
Chassériau, 361.
Chatrousse, 335.
Chaudet, 286.
Chaudet (Mme), 336.
Chauveau, 93.
Christophe, 90.
Clérion, 24.
Clouet (les), 50, 56, 61, 65.
Cochin, 230.
Cogniet, 271.
Comolli, 336.
Corbet, 298.
Cordouan, 376.
Cordier, 370.
Corneille de Lyon, 50, 55.
Corneille (M.), 126.
Cotelle, 39.
Couder, 42, 271, 272.
Court, 354, 369.
Coustou (G.), 31, 110, 166, 178.
Coustou (N.), 23, 110, 132, 216.
Couture, 380.
Coypel (A.), 31.
Coypel (N.), 35, 159.
Coyzevox, 24, 73, 106, 109, 110, 121, 125, 132, 145, 146, 151, 152, 155, 163, 164, 165, 173.
Cozette, 178.
Cranach, 49.
Crauck, 369.

Danloux, 265.
Darjou, 376.
Dauzats, 361.
David, 280, 285, 286, 304, 315, 342.
Davin (Mme), 342.
Debret, 291, 308, 315.
Decaen, 375.
Dedreux-Dorcy, 327.
Delacroix, 42, 152, 361, 370.
Delaroche, 42, 347, 369, 370.
Delaval, 342.
Delécluze, 307.
Delutel, 122.
Demarne, 316.
Denon, 291.
Dequoy, 142.
Deruet, 116.
Descine, 251, 341.
Desjardins, 109, 111, 151.
Desnos (Mme), 342, 369.
Desoria, 280.
Detaille, 380.
De Troy, 32, 131, 159, 163, 196, 219, 224.
Devéria, 42, 354.
Dieu, 90.
Doré, 375.
Dominiquin (le), 94.
Drouais, 178, 185, 199, 206, 252, 259.
Dubois, 354.
Dubufe (Cl.), 341.
Dubufe (Ed.), 375, 379, 387.
Ducreux, 199, 212, 239, 260, 279, 285, 341.

Dugoulon, 20.
Dulin, 89.
Dumesnil, 159, 225.
Dumont, 369.
Dumoulin, 388.
Dunouy, 316.
Duplessis, 215, 234.
Duplessis-Bertaux, 272.
Dupré, 271.
Durand-Brager, 375.
Dutertre, 297.

Elle, 141.
Espercieux, 220.
Eude, 132.

Fabre, 265.
Filleul (Mme), 259.
Flamen, 20.
Flandrin (H.), 379.
Flandrin (P.), 380.
Fort, 361.
Foucou, 291.
Francin, 31, 219.
Franque, 42, 89, 328.
Frédou, 177, 182, 186.

Galofre, 370.
Garnier, 106.
Gassies, 354.
Gautherot, 308, 341.
Gence, 169.
Genet, 361.
Georges-Bertrand, 387.
Gérard, 42, 252, 280, 286, 291, 315, 316, 319, 320, 327, 328, 335, 336, 341, 342, 347, 348, 353, 354, 369.
Gérôme, 376.
Geuslain, 110.
Gigoux, 370.

Ginain, 387.
Girardon, 111, 146, 151.
Giraud, 376.
Girodet-Trioson, 280, 297, 308.
Gobert, 135, 178, 181, 196, 206, 212.
Gois, 178.
Gosse, 353, 354.
Goubaud, 315.
Graincourt, 152.
Granet, 362.
Grégorius, 342.
Greuze, 220, 319.
Gros, 286, 297, 308, 315, 335, 341, 342, 347.
Gudin, 362.
Guérin (G.), 102.
Guérin (P.), 297, 327, 341, 342, 348, 369, 370.
Guiard (Mme), 200.
Guibert, 32.
Guidi, 111.

Hallé (G.), 90.
Hallé (N.), 230.
Hauer, 285.
Healy, 348.
Hébert, 379.
Heim, 353, 354.
Heinsius, 200, 280.
Hennequin, 315.
Héraut, 146.
Hersent, 348, 369, 370.
Hischbein, 219.
Hoppner, 348.
Houasse, 27, 28, 106.
Houdon, 152, 219, 220, 233, 279, 320, 327.
Hue, 225, 307, 315.
Hurtrelle, 20, 146.

Ingres, 369, 370.

Isabey, 286, 316, 361.
Iselin, 369.

Jacquand, 362.
Jacquemart (Nélie), 387.
Janmot, 369.
Jobert, 388.
Jouffroy, 181, 369.
Jouvenet (J.), 27, 31.
Jouvenet (N.), 28.
Jumel, 375.

Kinson, 335, 342, 348.
Kipshavo, 170.
Kraft (D. von), 211.
Krafft, 328.
Kucharsky, 246, 251.
Kupetzki, 170.

Ladatte, 31.
Lafosse, 27, 28, 31.
Lajoue, 223.
Lallemant, 151, 163.
Lami, 271, 354, 357.
Laneuville, 280.
Landelle, 369.
Largillière, 159, 164, 205, 216, 219, 223.
Larivière, 354, 369, 375.
La Tour, 181, 182, 185.
Lawrence, 341, 348.
Le Brun (Ch.), 14, 17, 24, 35, 74-101, 106, 155.
Le Brun (J.-B.), 260.
Lebrun (Mme Vigée), 159, 240, 245, 246, 251, 259, 265, 336.
Lecomte (F.), 24, 240.
Lecomte (H.), 291, 292, 347.
Lefebvre, 136, 145, 146, 164, 166.
Lefèvre, 265, 319, 335, 336, 341, 342.
Le Gay, 265.

Legeret, 24.
Legros, 19, 24.
Lejeune, 292, 307.
Lély, 74, 136, 169.
Lemaire, 165.
Lemot, 336.
Lemoyne (Fr.), 28, 32, 177.
Lemoyne (J.-B.), 216, 220.
Lemoyne (J.-L.), 163, 200.
Lenfant, 225.
Lepaon, 225.
Lespagnandel, 24.
Lespingola, 20.
Lesueur (P.), 265.
Lethière, 292, 327, 335.
Liotard, 216.
Lunebourg, 212.

Maratta, 163.
Marochetti, 369.
Martin (J.-B.), 39, 90, 94, 97, 225, 226.
Martin (P.-D.), 39, 112, 229.
Martinet, 291.
Masson, 291, 341.
Massou, 19, 24.
Mathieu, 85, 86, 131.
Mazeline, 28, 146.
Mazière, 151.
Mellan, 73.
Ménageot, 316.
Mengs, 212.
Menjaud, 328, 347.
Mercié, 388.
Meynier, 291, 303, 308.
Meytens (M. de), 239.
Michel (de Toulon), 266.
Mierevelt, 66.
Mignard, 17, 106, 121, 122, 126, 131, 132, 135, 141, 145, 155, 159.

Milhomme, 291.
Moitte, 286.
Monsiau, 313.
Mor, 50.
Morin (Mme), 286.
Morot, 380.
Mouchot, 380.
Mozin, 354.
Müller, 271, 379.

Nanteuil, 155.
Natoire, 32, 182.
Nattier, 181, 182, 186-199, 206, 211, 223.
Netscher, 166.
Neuville (A. de), 380.
Nivelon, 185, 216.
Nocret (les), 115, 116, 136.

Ollivier, 230.
Osmond (Cte d'), 369.
Oudry, 181, 266.

Paillet, 32.
Pajou (A.), 31, 32, 155, 220, 233, 239.
Pajou (J.), 341.
Parrocel (Ch.), 174, 224, 225, 229.
Parrocel (Jos.), 20, 90, 152.
Parrocel (J.-Fr.), 225.
Pegna (H. de la), 224.
Pesne, 212.
Pezey, 156.
Philippoteaux, 42.
Pigalle, 177, 211.
Pils, 375.
Pinchon, 342.
Ponce-Camus, 316.
Porbus, 65.
Portail, 230.
Pradier, 252, 348, 369.
Prieur, 62, 65.

Protais, 375.
Proust, 24.

Ranc, 173.
Regnault, 316, 319, 336.
Renoux, 347.
Ricard, 380.
Riesener, 341.
Rigaud, 111, 121, 122, 125, 126, 131, 132, 152, 155, 159, 163, 164, 165, 169, 173, 174, 205, 206, 215, 216.
Rigo, 370, 375, 376.
Riou, 376.
Robert (A.), 225.
Robert (Hub.), 265, 266, 272.
Robert-Fleury, 370.
Rochet, 320, 369.
Rœhn, 291, 304, 315.
Rœttiers de la Tour, 260.
Roland, 341.
Roll, 388.
Romagnesi, 348.
Roslin, 182, 215, 224, 240.
Rossel, 225.
Roty, 387.
Rouget, 328.
Rouillard, 369.
Rousseau (les), 23, 24, 32, 35, 234.
Rutchiel, 320.

Saint-André, 110, 115.
Santerre, 125, 178, 205.
Scheffer (A.), 42, 354, 369.
Scheffer (H.), 362.
Schlésinger, 370.
Sebron, 362.
Serangeli, 316.
Seurre, 320.
Sève (P. de), 82, 86, 89, 90.
Sigalon, 370.

Silvestre (L. de), 126, 169, 212.
Slodtz, 31, 230.
Spalla, 327.
Strigel (B.), 49.
Stouf, 286.
Subleyras, 212.
Swebach, 316.

Taillasson, 260.
Taunay, 291, 307.
Taurel, 297.
Testelin, 85, 86, 89, 90, 102.
Thévenin, 291, 303, 307.
Thersbuch (Mme). 212.
Tissier, 370.
Tocqué, 181, 182, 185, 212, 215, 219, 220.
Tournières, 146, 163.
Tuby, 24, 159.

Ulmann, 387.

Vafflard, 304.
Valade, 216.
Valentin, 23.
Van Blarenberghe, 224, 225.
Van Clève, 20, 31, 146.
Van der Meulen, 86-97, 101.
Van der Werff, 170.
Vanloo (C.), 177.
Vanloo (J.-B.), 174, 212, 224.

Vanloo (L.-M.), 177, 178, 206, 211, 216, 223, 234, 252.
Van Ysendik, 362.
Van Musscher, 170.
Vela, 327.
Vélasquez, 74.
Verberckt, 23, 24, 32, 36.
Vernet (C.), 291, 303, 308.
Vernet (H.), 42, 315, 342, 353, 354, 357-361, 369, 370.
Vibert, 387.
Vignon, 32, 135, 160.
Vinache, 31.
Vincent, 341.
Vinchon, 271, 347.
Vivien, 151, 160.
Voïart, 286.
Voiriot, 260.
Vouet, 27, 102.

Warin, 105.
Wicar, 316, 328.
Winterhalter, 362, 369, 370, 379.
Witkofsky, 370.

Yvart, 85, 89.
Yvon, 308, 375, 376.

Ziégler, 86.
Zix, 291.

TABLE DES MATIÈRES

INTRODUCTION

    LE CHATEAU.......................   9

    LES COLLECTIONS............................... ..   37

DESCRIPTION DU MUSÉE

    XVᵉ ET XVIᵉ SIÈCLES.............................   45

    RÈGNE DE LOUIS XIII..........................   66

    RÈGNE DE LOUIS XIV........................   74

    RÈGNE DE LOUIS XV   170

    RÈGNE DE LOUIS XVI.........................   233

    RÉVOLUTION ET RÉPUBLIQUE.......   271

    CONSULAT ET EMPIRE............................   298

    RESTAURATION   347

    RÈGNE DE LOUIS-PHILIPPE.....   353

    RÉPUBLIQUE DE 1848 ET SECOND EMPIRE............ ...   370

    TROISIÈME RÉPUBLIQUE......................... ...   380

NOMS D'ARTISTES..................................   391

www.ingramcontent.com/pod-product-compliance
Lightning Source LLC
Chambersburg PA
CBHW050305030726
47505CB00003B/583